STYRIANOMICS

ARCHITEKTURPREIS DES LANDES STEIERMARK 2023

(Hg./Ed.) Haus der Architektur, Beate Engelhorn

jovis

HDA
HAUS DER ARCHITEKTUR

INHALT
CONTENT

ANERKENNUNGEN / SPECIAL MENTIONS

NOMINIERUNGEN / NOMINATIONS

ARCHITEKTURPREIS DES LANDES STEIERMARK 2023

THE STYRIAN ARCHITECTURE AWARD 2023

Seit 1980 wird der Architekturpreis des Landes Steiermark als Zeichen der Anerkennung und Wertschätzung herausragender zeitgenössischer Architektur in der Steiermark vergeben. Der Preis honoriert die individuelle Arbeit der ausgezeichneten Architekt*innen, trägt aber auch die Kreativität und qualitätsvolle Dichte der steirischen Architekturszene in eine breite Öffentlichkeit.

Zeitgenössische Architektur hat in der Steiermark als vielschichtigem Kulturland seit der »Initialzündung« durch die sogenannte »Grazer Schule« einen besonderen Stellenwert. Die Architekt*innen leisten mit ihrer regional, national und international geschätzten Arbeit einen wertvollen, die Disziplinen übergreifenden Beitrag zu Kunst und Kultur, Gesellschaft, Erbe und Zukunft.

Architektur als die gebaute Umwelt, in der wir uns täglich bewegen, ist alles andere als ein neutraler Raum. Sie bestimmt maßgeblich unser Empfinden und Verhalten als Individuen und als Gesellschaft mit. Die Konzeption, Planung und Realisierung dieses Raums sind mit einer großen Verantwortung verbunden. »Architektur ist ein räumliches Produkt ihrer Zeit und ihres Kontextes«, schreibt Indira van 't Klooster, Kuratorin des Architekturpreis 2023. »Sie muss mehr bieten als nur architektonischen Wert«, sondern »einen gesellschaftlichen, städtebaulichen und ökologischen Mehrwert« haben. Die Symbiose aus der traditionell hochwertigen Baukultur in der Steiermark und neuer Architektur, die den Herausforderungen der Gegenwart verantwortungsvoll begegnet und

Since the year 1980, the Styrian Architecture Award has been presented in recognition and appreciation of outstanding contemporary architecture in Styria. The prize acknowledges the individual work of outstanding architects, but also makes a wider public aware of the creativity and impressive quality that characterises the Styrian architectural scene.

Contemporary architecture has enjoyed an exceptional status in the multifaceted cultural landscape of Styria ever since the «vital spark» emanating from the so-called «Graz School». With projects that are esteemed regionally, nationally, and internationally, Styria's architects make invaluable and interdisciplinary contributions to art and culture, to society, to our cultural heritage, and to the future.

Constituting the built environment within which we move daily, architecture is anything but a neutral space. It conditions our individual and collective perceptions and behaviour in decisive ways. The conception, planning, and implementation of this shared space entails enormous responsibilities. «Architecture is a 3D product of its time and context», writes Indira van 't Klooster, curator of the Styrian Architecture Award 2023. «It has to offer more than architectural values alone» and must also embody «societal, urban, and ecological added value». The symbiosis between Styria's high-quality traditional building culture and contemporary architecture, one that confronts the challenges of the present in a responsible way while handing over a better world to future generations—the essence of sustainability,

dazu beiträgt, zukünftigen Generationen eine bessere Welt zu übergeben – und nichts anderes bedeutet Nachhaltigkeit, folgt man dem Soziologen Max Weber –, erfordert von den Architekt*innen besondere Sensibilität, Reflexion und Kreativität.

Indira van 't Klooster hat aus den fast 50 Einreichungen neun Projekte nominiert, die jeweils eine besondere Qualität steirischer Architektur verkörpern, und nach sorgfältiger Betrachtung PPAG architects (Anna Popelka und Georg Poduschka) mit dem »Steirereck am Pogusch« für den Architekturpreis 2023 vorgeschlagen. Das Projekt stellt in einer »einzigartigen architektonischen Sprache [...] eine enge Beziehung zur Natur« sowie zu den historischen Bestandsgebäuden her und schafft einen ökologisch und sozial nachhaltigen »regionalen Knotenpunkt«. Außerdem wählte die Kuratorin zwei weitere herausragende Projekte für eine Anerkennung aus: den »Weinhof Locknbauer« von Mascha Ritter und das »Ortszentrum Stanz« von Nussmüller Architekten.

Ich danke Indira van 't Klooster für ihre sorgfältige und durchdachte Kuratorinnentätigkeit und dem Team des HDA für die Ausrichtung des Preises und die Erstellung dieses Architekturjahrbuchs. Ich gratuliere dem Team von PPAG architects ebenso wie den beiden Anerkennungen und den Nominierungen herzlich und wünsche allen viel Freude mit dieser Publikation zum Architekturpreis 2023.

according to sociologist Max Weber—calls for exceptional sensitivity, reflexivity, and creativity on the part of architects.

From among the nearly 50 submissions, Indira van 't Klooster selected nine projects, each one representing a special quality that is inherent to Styrian architecture. After careful consideration, she has proposed PPAG architects (Anna Popelka and Georg Poduschka) with their project «Steirereck am Pogusch» as the winner of the Styrian Architecture Award 2023. With its «unique architectural language», the project embodies «a close relationship to nature», as well as to existing historical buildings, creating a «regional hub» that is sustainable both ecologically and socially. The curator also chose two further outstanding projects for special mention: «Weinhof Locknbauer» (Locknbauer Winery) by Mascha Ritter and «Ortszentrum Stanz» (Stanz Town Centre) by Nussmüller Architekten.

My thanks to Indira van 't Klooster for her meticulous, thoughtful curatorial contribution, and to the team of HDA for organising the prize and producing this architectural yearbook. My sincerest congratulations to the team at PPAG architects, as well as to the recipients of the two special mentions and the nominees. I sincerely hope that this publication on the Styrian Architecture Award 2023 will be a source of pleasure for all.

Christopher Drexler
Landeshauptmann / *Governor of Styria*

ARCHITEKTUR IST VERÄNDERUNG

ARCHITECTURE IS CONTINUOUS CHANGE

Zum 21. Mal wird im Jahr 2023 der renommierte Landespreis für Architektur in der Steiermark vergeben. Die Auswahl des preiswürdigen Projekts wird nicht – wie so oft – durch eine Jury, sondern durch eine*n vom Land bestellte*n externe*n Kurator*in getroffen. Mit diesem Verfahren stellt sich die Architekturszene in der Steiermark dem internationalen Austausch, sucht den unvoreingenommenen Blick der Außenstehenden auf das aktuelle Baugeschehen und repräsentiert damit die Diskurs- und Dialogfreudigkeit der Steiermark, ihrer Landesvertreter*innen und Bewohner*innen.

Bemerkenswert ist, dass der Landespreis bereits zum dritten Mal in Folge an die Sanierung und Bestandserweiterung eines existierenden Bauwerks beziehungsweise Ensembles vergeben wird. Damit wird deutlich, welche große Bedeutung der Erhaltung des Bestands und dessen zeitgemäßer Ertüchtigung immer stärker zukommt. Die Herausforderungen des Klimawandels, aber auch die zunehmende Bodenverknappung und Preissteigerungen im Bausektor führen zu einem Umdenken und Neudenken im Bereich der Instandhaltung, Modernisierung und Umnutzung von bestehenden Bauten. Sei es in Stadtzentren oder in der Region – Bauen im und am Bestand macht einen wachsenden Anteil der Bauwirtschaft aus. Der Umgang mit Vorhandenem spart Ressourcen und trägt dadurch zu einer klimaschonenden Bauweise bei.

Auf Bestehendem aufzubauen, anstatt es zu zerstören, schützt indes nicht nur das Klima, sondern verlangt auch besondere Kreativität. Neben der

In 2023, the prestigious Styrian Architecture Award will be presented for the 21st time. The prize-winning project was not—as so often—chosen by a jury but instead by an external curator appointed by the province. This strategy opens up the architectural scene in Styria to a process of international exchange, seeking the unprejudiced perspective of outsiders on current building activity and exemplifying the delight in discussion and dialogue that characterises Styria, its representatives, and its inhabitants.

Remarkably, this is the third time in a row the Styrian Architecture Award has been bestowed on a project involving the refurbishment and expansion of an existing structure or architectural ensemble. This highlights the enormous and growing importance of preserving and upgrading existing buildings in response to present-day requirements. The challenges of climate change—in conjunction with escalating land shortages and price increases in the construction sector—are giving rise to new concepts and ideas when it comes to the modernisation and repurposing of existing buildings. Whether in urban centres or smaller localities, building projects that extend existing structures represent a growing share of the construction sector. The conversion of existing buildings conserves resources, contributing to a more climate-friendly approach to construction.

Building onto existing structures rather than demolishing them not only protects the climate but also calls for exceptional forms of creativity. In addition to

energetischen Ertüchtigung müssen Zuordnungen von Funktionen, Belichtung und Oberflächen sowie weitere gewünschte räumliche Qualitäten auch im umgebenden Kontext neu gedacht und optimiert werden. Das »Weiterbauen«, der sorgsame Umgang mit dem baulichen Erbe, zeigt einerseits die Wertschätzung gegenüber dem bereits am Ort Existierenden, das oftmals die Identität von Städten und Regionen entscheidend prägt. Andererseits wird deutlich, dass Architektur immer auch die gesellschaftlichen Rahmenbedingungen sowie die technischen Möglichkeiten ihrer Zeit spiegelt, also fortwährend mit Veränderung verbunden ist.

Die Kuratorin Indira van 't Klooster hat aus den eingereichten 47 Projekten neun Projekte nominiert und neun Kriterien gegenübergestellt, anhand derer sie ihre Wahl für den Landespreis und zwei Anerkennungen getroffen hat: Bezug zur Natur, architektonische Qualität, Verbindung von Alt und Neu, Partizipation, ländliche Entwicklung, technische Innovation, urbane Netzwerke/Funktion, öffentlicher Raum und gemeinschaftliches Bauen.

Die Publikation stellt die nominierten und prämierten Projekte vor. Der begleitende Film präsentiert das mit dem Landespreis ausgezeichnete Projekt »Steirereck am Pogusch« von PPAG architects, dessen Entstehungsprozess sowie die Menschen, die gemeinsam zum Gelingen des Projekts beigetragen haben.

improvements in energy efficiency, it becomes necessary to redesign functions, lighting, and surfaces, along with additionally desired spatial qualities, which must be optimised in relation to the surrounding context. First, «building onto», the conscientious treatment of our built heritage, demonstrates an appreciation of existing structures at a specific location, many of which have greatly shaped the identities of towns and regions. Secondly, of course, architecture always reflects societal framework conditions as well as technical possibilities of the times, which is to say: it is always and necessarily bound up with processes of change.

Our curator, Indira van 't Klooster, has selected nine projects from the 47 submissions, juxtaposing these with nine criteria upon which she based her choice for the winner of the Styrian Architecture Award and the two special mentions: relation to nature; architectural quality; connecting old and new; citizen participation; rural development; technological innovation; building urban networks/functions; creating public space; and community building.

This publication presents the nominated and award-winning projects. The accompanying film showcases the prize-winning project, titled «Steirereck am Pogusch», by PPAG architects, as well as the development process and the individuals who joined forces to contribute to the project's success.

Beate Engelhorn

Leiterin HDA – Haus der Architektur, Graz / *Director HDA*

GRAZROOTS
KONTEXTUELLE ARCHITEKTUR AUS DER STEIERMARK

GRAZROOTS CONTEXTUAL ARCHITECTURE FROM STYRIA

Architektur ist kontextabhängig. Es gibt keinen besseren Weg, eine Region oder ein Land verstehen zu lernen, als sich mit der dortigen Architekturproduktion zu beschäftigen. Architektur ist ein räumliches Produkt ihrer Zeit, ihres Kontextes und ihres Genies (oder des Mangels daran). Als Kuratorin für den Architekturpreis des Landes Steiermark bestellt zu werden, war für mich in erster Linie eine Ehre. Es war aber auch eine Gelegenheit, mich mit einer Gesellschaft, ihren Träumen, Herausforderungen, Fähigkeiten und Ressourcen vertraut zu machen.

Aus den 47 eingereichten Beiträgen habe ich jene Projekte ausgewählt, die mir aus meiner niederländischen Perspektive wichtig erschienen. Ich wollte die Arbeiten genauer unter die Lupe nehmen, die sich mit den Dringlichkeiten dieser Zeit befassen: Klima(wandel), CO_2-Fußabdruck, nachhaltigen Produktionsmethoden, Stärkung der lokalen Gemeinschaften und baukünstlerischer Qualität. Architektur muss ein höheres Ziel und einen größeren Nutzen haben als reine Ästhetik und sollte daher nicht nur nach ihrer baukünstlerischen Qualität bewertet werden. Darüber hinaus schätze ich es, wenn Frauen Führungspositionen einnehmen und Architekturbüros Vielfalt leben. Da Architekt*innen die Aufgabe haben, mit ihrer Arbeit einer vielfältigen Gesellschaft zu dienen, ist es wichtig, dass auch im Unternehmen Diversität in Bezug auf Gender, Ethnie, persönliche Fähigkeiten oder andere gesellschaftliche Aspekte herrscht. Trotz der Vielzahl an Geschlechtsidentitäten wird die Architekturszene noch immer von weißen (Cis-)Männern dominiert – und bislang war es sehr schwierig, etwas daran zu ändern.

Architecture is contextual. There is no better way to understand a region or a country than to explore its architectural output. Architecture is a 3D product of its time, context, and genius (or lack thereof). To be invited as the curator of the Styrian Architecture Award is first of all an honour. But it is also an opportunity to get acquainted with a society, its dreams, its challenges, its capabilities, and its assets.

From the 47 entries submitted, I tried to select projects that, to me, from my Dutch perspective, seemed important. I wanted to look deeper into the works that address the urgency of our time: climate (change), CO_2 footprint, sustainable production methods, empowerment of local communities, and architectural quality. Thus, architecture must have a bigger goal and purpose than aesthetics alone and must be evaluated by more than just architectural quality. Moreover, I appreciate women's leadership in architecture and diversity in architectural offices. Since architects have the task of serving a heterogenous society, it is important that their offices acknowledge diversities in terms of gender, ethnicity, ability, and other aspects in society. Up until now, in architecture, white (cis-) male designers have been predominant—despite the presence of so many gender identities—and so far it has been very difficult to change that.

Folgende Kriterien habe ich für meine Vorauswahl aus den 47 Einreichungen herangezogen:

- Herausragende architektonische Qualität: Konzept, Detail, Handwerkskunst und Innovation (schließlich handelt es sich hier um einen Architekturpreis).

- Aufgabenstellung der Bauherrschaft: Haben die Architekt*innen mehr als nur eine funktionale Antwort darauf gefunden (Programm, städtebaulicher Kontext, Konzept, Materialien)? Falls ja, inwiefern ist diese Antwort innovativ und inspirierend bzw. ermutigend? Ist sie in technischer Hinsicht gut (Konzept, Detail usw.)?

- Position der Bauherrschaft und der Architekt*innen: Überzeugungen und Ambitionen; Einnehmen eines Blickwinkels, der das Projekt mit aktuellen, gesellschaftlich relevanten Themen verknüpft; Schaffung eines tatsächlichen Mehrwerts (über das reine Gebäude hinaus) für die Gesellschaft in Bezug auf soziale Qualitäten, Nachhaltigkeit, Baumethoden, neue Typologien usw.?

- Büro und Team: Gleichstellung der Geschlechter, Altersstruktur und Vielfalt, Wertschätzung des Teams anstatt einzelner »Stararchitekt*innen«, Erwähnung ehemaliger Mitarbeiter*innen.

- Vielfältiges Wertesystem: Welche Anzeichen gibt es, dass das Projekt nicht ausschließlich auf Wirtschaftswachstum ausgerichtet ist?

My selection criteria to select the nominees from the longlist of 47 projects:

- Outstanding architectural quality: in concept, detail, craftmanship, innovation. (This is, after all, an architecture award.)

- Client brief for the architect: did the architect come up with more than a functional answer (programme, urban context, concept, and materials)? If so, how is this answer innovative and inspiring/uplifting? Is it technically good (concept, detail, etc.)?

- Position of the architect/client: beliefs and ambitions; taking a stance that relates the project to topical themes in today's society. What has been incorporated into the project that actually adds something to society (more than a building)—in terms of social qualities, sustainability, building methods, new typologies, etc.?

- Office and team: gender equality, age, and diversity; the way the whole team is credited and not just one «starchitect»; how former members are mentioned.

- Anything that might be a sign of a more diverse set of values, other than money and economic growth.

1 **STEIRERECK AM POGUSCH**
PPAG architects, Wien

1

2 **WEINHOF LOCKNBAUER**
Mascha Ritter, Berlin

3 **ORTSZENTRUM STANZ**
Nussmüller Architekten, Graz

4 **VOISTHALERHÜTTE**
Dietger Wissounig Architekten, Graz

5 **ANATOMIELEHRSTUHL MED UNI GRAZ**
Franz&Sue, Wien

4

6 **KIUBO 1.0**
Hofrichter – Ritter Architekten, Graz

7 **STADTBOOTSHAUS**
KUESS Architektur, Lieboch

8 **CLUB HYBRID**
Pretterhofer Arquitectos, Wien
MVD Austria, Wien

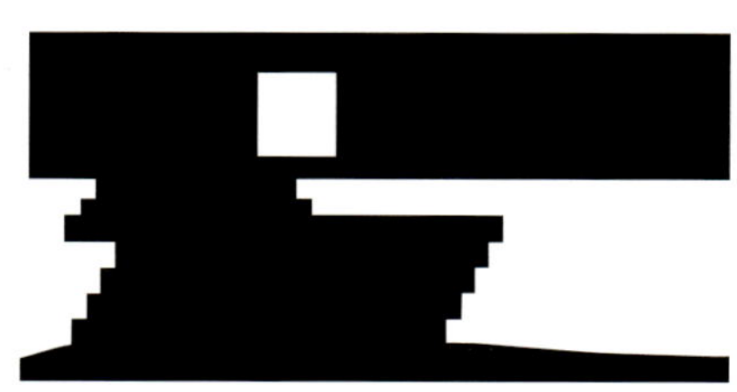

9 **MED CAMPUS GRAZ**
Riegler Riewe Architekten, Graz

7

2

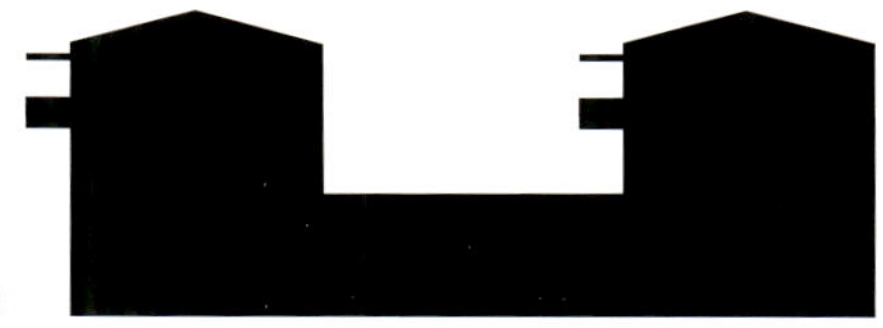

3

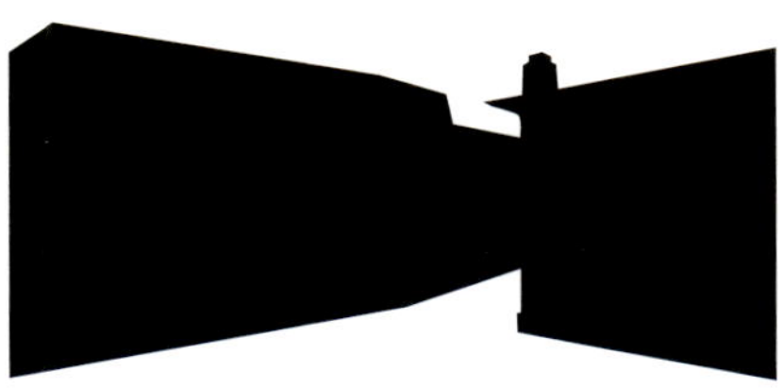

5

6

8

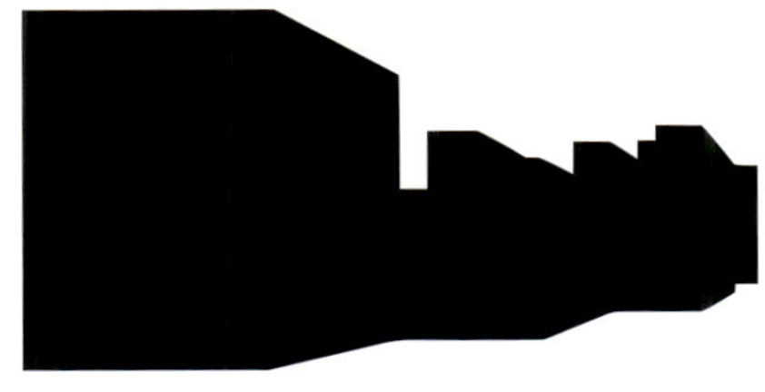

9

MATRIX	Relation to Nature	Community Building	Connecting Old and New	Building Urban Networks	Creating Public Space	Architectural Quality	Rural Development	Citizen Participation	Technological Innovation	
Voisthalerhütte	3	1	1	1	1	2	1	1	2	13
Club Hybrid	1	3	1	1	2	1	1	2	1	13
Anatomielehrstuhl Med Uni Graz	1	1	3	1	1	2	1	1	2	13
Med Campus Graz	1	1	2	3	1	1	1	1	2	13
Stadtbootshaus	2	1	1	2	3	1	1	1	1	13
Weinhof Locknbauer	2	1	2	1	1	3	1	1	2	14
Steirereck am Pogusch	2	1	2	1	1	2	3	1	2	15
Ortszentrum Stanz	1	2	1	2	1	1	2	3	1	14
Kiubo 1.0	1	1	2	2	1	1	1	1	3	13

3 = überragend (übertrifft alle anderen) / **this project excels (above all others)**
2 = herausragend / **outstanding**
1 = gut / **good**

Styrianomics
Die neun Werte der steirischen Architektur

Von jedem der neun aufgeführten Projekte lässt sich behaupten, dass es verschiedene Qualitäten in sich vereint, die die steirische Architektur im Allgemeinen ausmachen.

Da alle neun ausgewählten Einreichungen (zu einem unterschiedlichen Grad an Perfektion) die oben genannten Kriterien erfüllen, wird jenes Projekt zum Gewinner des Architekturpreises des Landes Steiermark gekürt, das diese neun Werte der steirischen Architektur im höchsten Maße verkörpert. Alle Kriterien werden gleich gewichtet. Das Gewinnerprojekt muss mehr als nur architektonischen Wert haben. Mir geht es um Architektur mit gesellschaftlichem, städtischem und ökologischem Mehrwert. Es mag sein, dass andere zur Auswahl stehende Projekte in baukünstlerischer Hinsicht stärker herausstechen. Dennoch wird dieses Jahr ein Bauprojekt prämiert, das mehr ist als Kunst, das ein größeres Ziel verfolgt und einen höheren Zweck hat als Ästhetik. Es geht um mehr als nur architektonische Qualität.

Den zweiten Platz teilen sich der »Weinhof Locknbauer« mit seiner außergewöhnlichen architektonischen Qualität und das Projekt »Ortszentrum Stanz«, das ein herausragendes Beispiel dafür ist, wie

Styrianomics
Nine values of Styrian architecture

When reviewing these nine projects, one could say that they all embody several qualities that define Styrian architecture in general.

So, if all nine projects qualify in the above-mentioned criteria (to varying degrees of perfection), the final winner of the Styrian Architecture Award will be the project that embodies most of these nine qualities. All nine qualities are to be valued equally. The winner of the Styrian Architecture Award has to offer more than architectural value alone. I am looking for architecture that also offers societal, urban, and ecological added value. It may even offer less architectural value than some of the other selected nominees, but this year's winner will be more than art, will have a bigger goal and purpose than aesthetics, and will be judged by more than architectural quality alone.

In the final Top 3, we celebrate the «Weinhof Locknbauer» for its exceptional architectural quality, and the project «Ortszentrum Stanz» for being a leading example of how architecture can be a tool for citizen participation and sustainable local (re)development. However, the winner of this year's Styrian Architecture Award is «Steirereck am

ANERKENNUNG / SPECIAL MENTION: **WEINHOF LOCKNBAUER**, Mascha Ritter, Berlin

PREISTRÄGER / WINNER: **STEIRERECK AM POGUSCH**, PPAG architects, Wien

ANERKENNUNG / SPECIAL MENTION: **ORTSZENTRUM STANZ**, Nussmüller Architekten, Graz

Architektur als Instrument für Bürger*innenbeteiligung und eine nachhaltige örtliche (Neu-)Entwicklung dienen kann. Gewinner des diesjährigen Architekturpreises des Landes Steiermark ist das »Steirereck am Pogusch«, das alle neun wesentlichen Qualitäten der steirischen Architektur verkörpert und in fünf davon herausragend ist.

Das »Steirereck am Pogusch« stellt eine enge Beziehung zur Natur her, sowohl in der Art und Weise, wie das Projekt lokale Materialien nutzt, um einen geschützten menschlichen Lebensraum zu bilden, als auch durch seine Funktion als regionaler Knotenpunkt im Netzwerk der Lebensmittelproduktion für die Gastronomie. Es verbindet mehrere Gebäude, die zwischen dem 17. und 21. Jahrhundert errichtet wurden, und schafft so einen ganzheitlichen Metabolismus in der Größe einer ländlichen Siedlung, der als ökologisches System wie auch als Energiedrehscheibe dient und teilweise unsichtbar unter der Erde liegt. Die Architekt*innen haben eine einzigartige architektonische Sprache geschaffen, indem sie die Gegebenheiten der Vergangenheit respektieren, ein transparentes Form-follows-Function-Prinzip anwenden und, wo immer möglich, Materialien wiederverwenden oder umnutzen. So ist ein eklektisches Ensemble entstanden, das eine Inspiration für gegenwärtige und zukünftige Herausforderungen in der Steiermark und darüber hinaus darstellt.

Pogusch», which embodies all nine essential qualities of Styrian architecture and outstands in five of them.

«Steirereck am Pogusch» has established a close relation to nature in how it worked with local materials to build an enclosed human habitat, and in how it serves as a regional hub in food networks to run the gastronomic estate. It connects several buildings built between the 17th and 21st centuries, thus creating a holistic metabolism on the scale of a rural development, serving as both an ecological system and energy hub, part of which is hidden underground. The architects have created a unique architectural language by respecting the givens from the past, a transparent form-follows-function principle, and the reuse or repurposing of materials wherever possible, thus creating an eclectic ensemble that is an inspiration for contemporary and future challenges in the Styria region and beyond.

Indira van 't Klooster

Kuratorin Architekturpreis des Landes Steiermark 2023 /
Curator The Styrian Architecture Award 2023

STEIRERECK AM POGUSCH

PPAG architects, Wien

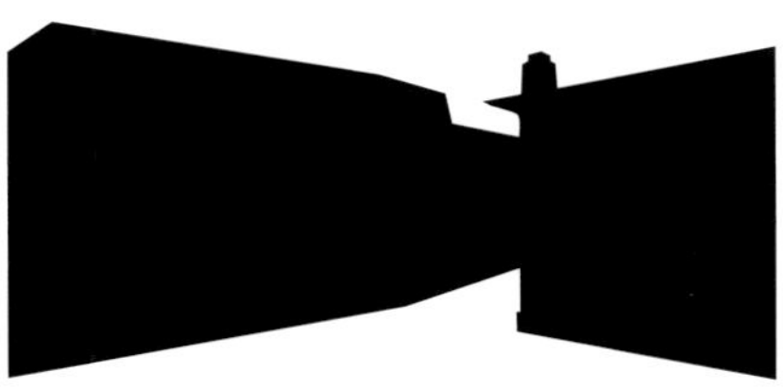

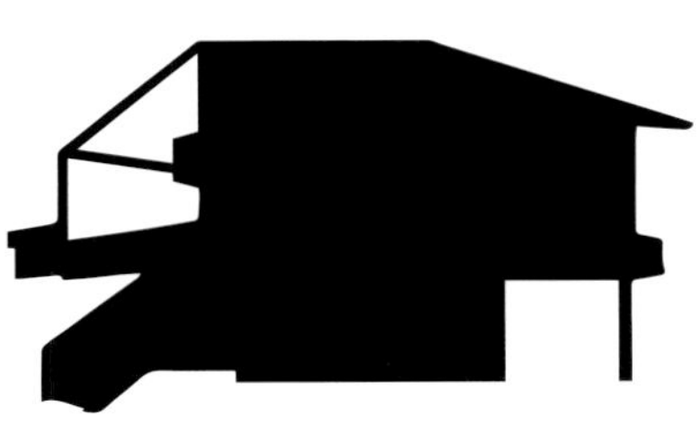

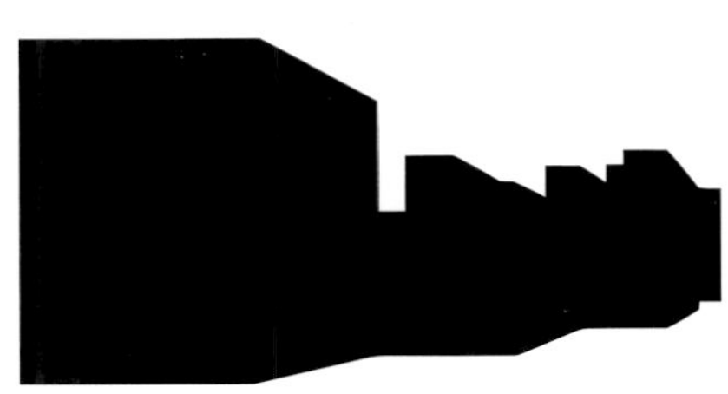

STEIRERECK AM POGUSCH
PPAG architects, Wien

Das Wirtshaus und Haubenrestaurant vereint auf 1.050 Meter Seehöhe Bodenständigkeit, Haute Cuisine, Hightech-Arbeitsvorgänge, nachhaltige Landwirtschaft und Luxushotellerie in einer Struktur. Die Bestandsgebäude wurden sorgfältig saniert und großzügig erweitert. Die Zubauten – Salettl, Schankküche, Küchengarten und ein großes Glashaus – sind teilweise in den Hang eingegraben. Durch unterschiedliche, zurückhaltende Eingriffe bilden Bestandsgebäude und Zubauten ein dörfliches Ensemble im Maßstab der ländlichen Bebauung.

This inn and gourmet restaurant, situated at 1,050 metres above sea level, unites earthiness, haute cuisine, high-tech working processes, sustainable agriculture, and a luxury hotel in a single structure. The existing buildings were meticulously renovated and substantially expanded. The additional buildings—salettl (pavilion), bar kitchen, kitchen garden, and a large greenhouse—have been partly embedded underground in the hillside. Through a variety of restrained interventions, the existing buildings and the additions form a village ensemble on the scale of a rural development.

LÄNDLICHE ENTWICKLUNG
RURAL DEVELOPMENT

*» Eine Kombination aus traditioneller Gastwirtschaft, modernem Restaurant und funktionalem Gewächshaus macht allein gewiss noch kein harmonisches Ensemble. Bei näherer Betrachtung zeigt sich jedoch, dass hier jede Entscheidung in Bezug auf Material, Form und Wegführung einer tiefen Akzeptanz der gegebenen Bedingungen entspringt und in dem Bestreben getroffen wurde, Vorhandenes zu bewahren. Dabei werden moderne und praktische Bedürfnisse nie vernachlässigt. Während sich die Architekt*innen um die Umsetzung der verschiedenen Gebäude und Raumprogramme kümmerten, konzentrierte sich der Auftraggeber darauf, sinnliche Erlebnisse für seine Gäste zu schaffen: etwa wie man einen Besuch in den Weinkellern zu einem Erlebnis macht oder wie der umfangreiche Bestand an Pflanzen und Kräutern von Fachleuten gepflegt und gleichzeitig von den Gästen genossen werden kann. Das Ergebnis ist im wahrsten Sinne des Wortes eine Achterbahn der Sinne und schafft so eine neue Ästhetik, die tief und gekonnt in ihrem Genius Loci verwurzelt ist. «*

« Combining a traditional guesthouse with a contemporary restaurant and a functional greenhouse/glasshouse certainly does not create a harmonious ensemble all by itself. However, a closer look reveals that every choice in material, shapes, and routing derives from preserving what already exists and accepting given conditions, while at the same time never giving in to modern and practical needs. And while the architects took care of implementing all the different volumes and programmes, the client focused on creating sensual experiences for the guests—on how to make a visit to the wine cellars an experience; on how the vast collection of plants and herbs can be cared for by professionals and enjoyed by guests at the same time. This compound is a rollercoaster for the senses in every sense of the word, thus inventing a new aesthetic, firmly and cleverly rooted in its genius loci. »

Indira van 't Klooster

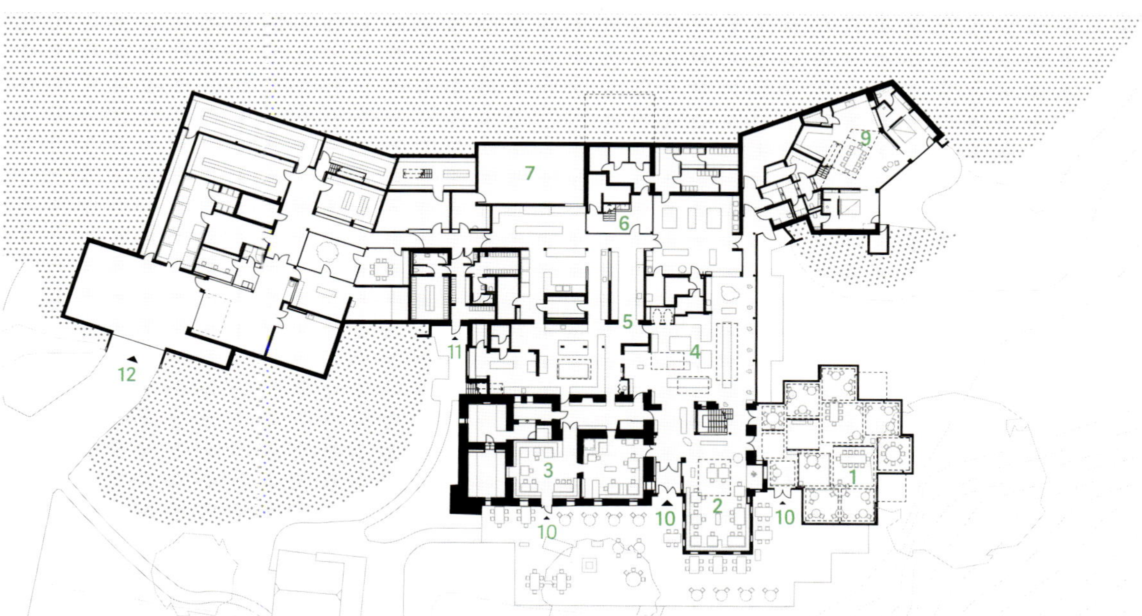

1 Salettl / **Salettl (pavilion)**
2 Holzhaus / **Wooden house**
3 Steinhaus / **Stone house**
4 Schankküche / **Bar kitchen**
5 Küche / **Kitchen**
6 Kleines Glashaus mit Küchengarten / **Small glasshouse with kitchen garden**
7 Technik und Lager / **Building services and storage**

ERDGESCHOSS / **GROUND FLOOR**

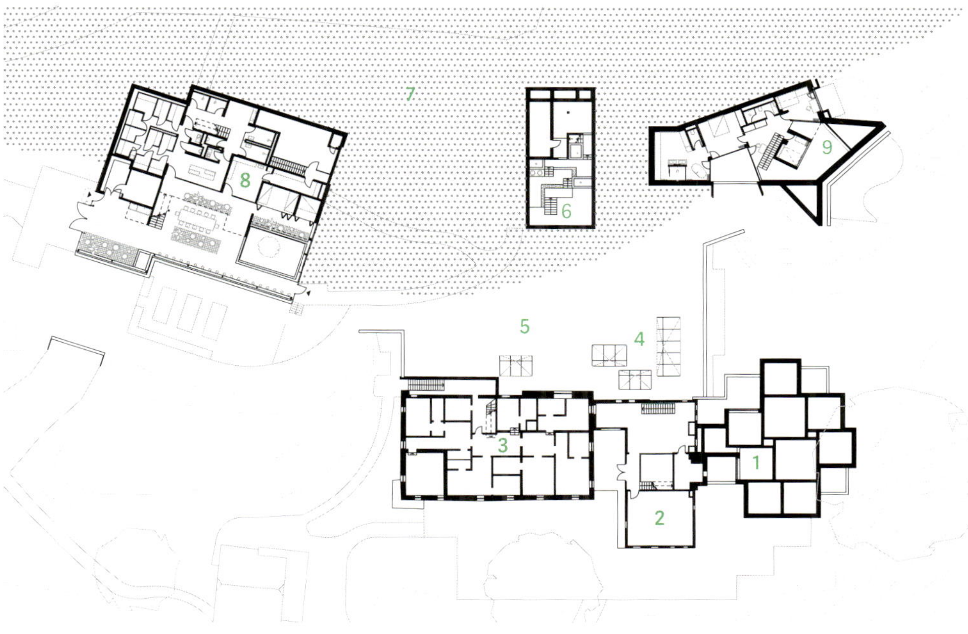

8 Großes Glashaus (mit Kabanen und Wellnessbereich) / **Large glasshouse (with cabanas and wellness area)**
9 Dienstwohnung / **Staff apartment**
10 Gästeeingänge / **Guest entrances**
11 Mitarbeiter*inneneingang / **Staff entrance**
12 Anlieferung / **Deliveries**

ERSTES OBERGESCHOSS / **FIRST FLOOR**

Der Bestand – das Steinhaus aus dem 17. Jahrhundert, das Holzhaus sowie Teile der Küche – wurde von alten Einbauten befreit, um die ursprünglichen Strukturen hervorzuheben. Für die Gäste sicht- und begehbare Weinkeller und ein Hofladen wurden in den Bestand integriert und fließende Übergänge zu den neuen Anbauten geschaffen.

The existing structures—a stone house dating from the 17th century, a wooden house, and part of the kitchen—were freed from older additions and installations in order to emphasise the original structures. A wine cellar, which is visible and accessible to guests, and a farm shop were integrated into the existing structures and flowing transitions to the new extensions were created.

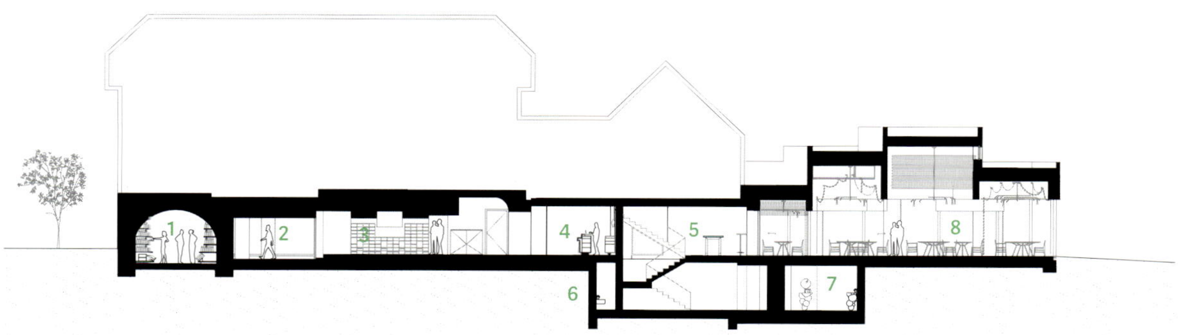

SCHNITT / **SECTION**

1 Rotweinkeller / **Red wine cellar** 2 Champagnerkeller / **Champagne cellar** 3 Hofladen / **Farm shop** 4 Empfang / **Reception** 5 Schankküche / **Bar kitchen** 6 Kinder-WC / **Children's bathroom** 7 Damen-WC / **Ladies' bathroom** 8 Salettl / **Salettl (pavilion)**

Das neue Salettl ist offen und transparent, mit Ausblick auf die umgebende Natur. Insgesamt 26 Holzlamellenvorhänge ermöglichen verschiedene Raum- und Nutzungsszenarien. Intarsien aus geschnittenen Hohlziegeln im Bodenbelag sowie Wandverkleidungen aus Bio-Wollfilz prägen die individuelle Raumgestaltung.

The new salettl (pavilion) is open and transparent, affording views of the natural surroundings. Altogether 26 wooden blinds facilitate a variety of spatial and use scenarios. The customised spatial design is characterised by intarsia flooring consisting of cut hollow bricks and wall coverings made of organic wool felt.

SALETTL

Die Schank- und Feuerküche ist eines der Herzstücke des Ensembles. Die neue Decke aus Kielstegplatten wurde geöffnet und hinterleuchtet. Sie bildet eine zeitgenössische Neuinterpretation der Holzdecke, die im spannungsvollen Kontrast zum Altbau steht.

One centrepiece of the ensemble is the bar and fire kitchen. The new ceiling, consisting of Kielsteg panels, is open and backlit. It represents a contemporary reinterpretation of the wooden ceiling, creating an intriguing contrast to the original building.

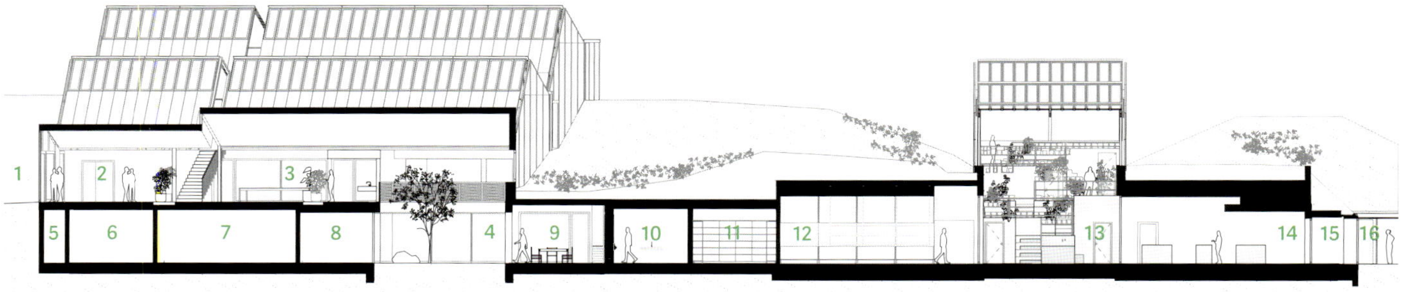

SCHNITT / **SECTION**

1 Gästeeingang / **Guest entrance** 2 Garderobe / **Cloakroom** 3 Gemeinschaftstisch mit Teeküche / **Communal table with kitchenette** 4 Atrium / **Atrium** 5 Gang / **Corridor** 6 Müllraum / **Garbage room** 7 Leergut / **Empty bottles** 8 Anlieferungsgang / **Delivery corridor** 9 Mitarbeiter*innenraum / **Staff room** 10 Sanitätsraum Mitarbeiter*innen / **First aid room for staff** 11 Lager / **Storage** 12 Küche (mit hängendem Regal) / **Kitchen (with hanging shelves)** 13 Küchengarten / **Kitchen garden** 14 Vorbereitungsküche / **Prep kitchen** 15 Lichtgang / **Passageway with natural lighting** 16 Garten / **Garden**

Für Besucher*innen sicht- und erlebbar werden in den neuen Glashäusern ganzjährig Nutzpflanzen gezogen und frisch in der Küche verarbeitet. Im großen Glashaus stehen den Gästen integrierte Kabanen für die Übernachtung zur Verfügung. Das kleine Glashaus versorgt die direkt anschließende Küche mit frischen Kräutern und Gewürzen.

In the new glasshouses, the plants that are cultivated there and prepared fresh in the kitchen are visible and accessible to visitors all year round. In the large glasshouse, integrated cabanas are available to guests for overnight stays. The small glasshouse supplies the directly adjacent kitchen with fresh herbs and spices.

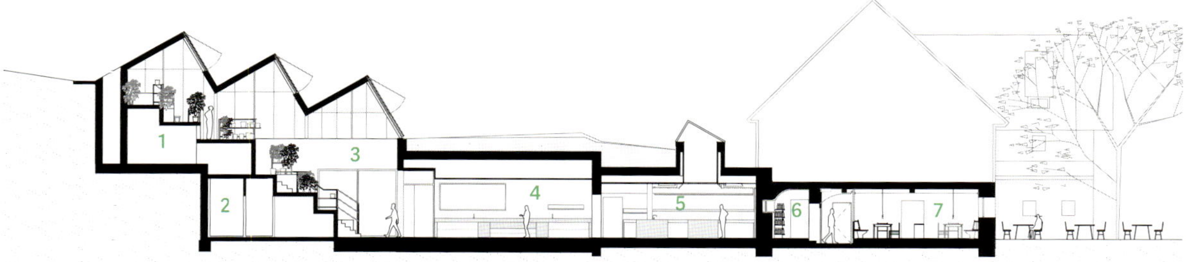

SCHNITT KLEINES GLASHAUS UND KÜCHE / **SECTION WITH GLASSHOUSE AND KITCHEN**

1 Lager / **Storage** 2 Naturkeller / **Natural cellar** 3 Warmes Glashaus mit Küchengarten / **Warm glasshouse with kitchen garden** 4 Produktionsküche (mit Oberlicht) / **Production kitchen (with skylight)** 5 Küche / **Kitchen** 6 Champagnerkeller / **Champagne cellar** 7 Steinhaus (alte Schnapsbrennerei) / **Stone house (old schnapps distillery)**

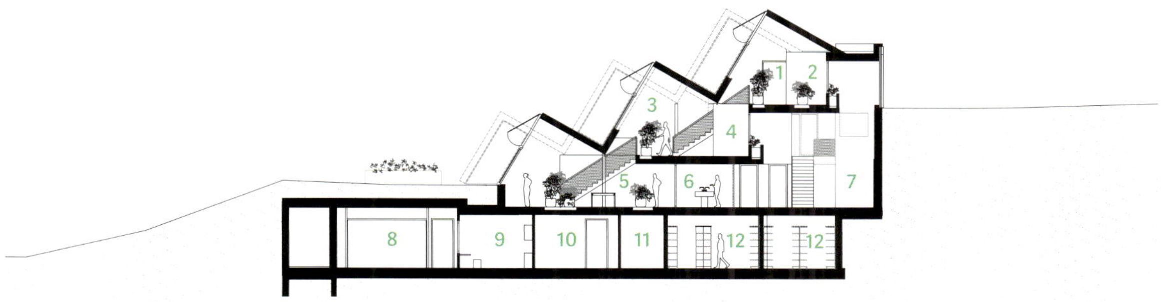

SCHNITT GROSSES GLASHAUS / **SECTION LARGE GLASSHOUSE**

1 Kaminzimmer / **Fireplace room** 2 Ausgang / **Exit** 3 Kaltes Glashaus / **Cold glasshouse** 4 Kabane / **Cabana** 5 Gemeinschaftstisch mit Teeküche / **Communal table with kitchenette** 6 Gemeinschaftsbad / **Common bathroom** 7 Wellness-Bereich / **Wellness area** 8 Anlieferung / **Deliveries** 9 Büro / **Office** 10 Leergut / **Empty bottles** 11 Gefrierraum / **Freezer room** 12 Lager / **Storage**

WEINHOF LOCKNBAUER

Mascha Ritter, Berlin

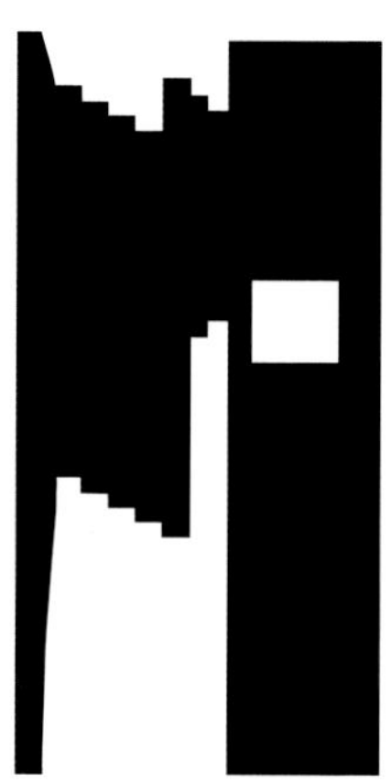

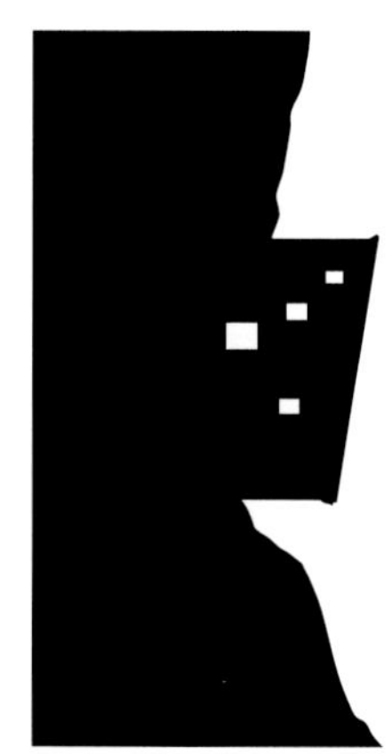

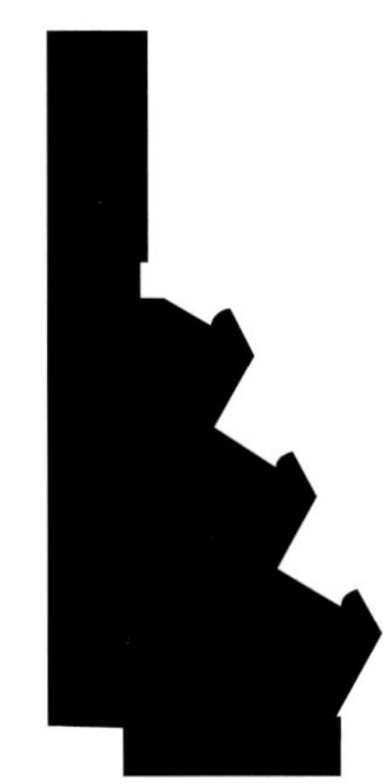

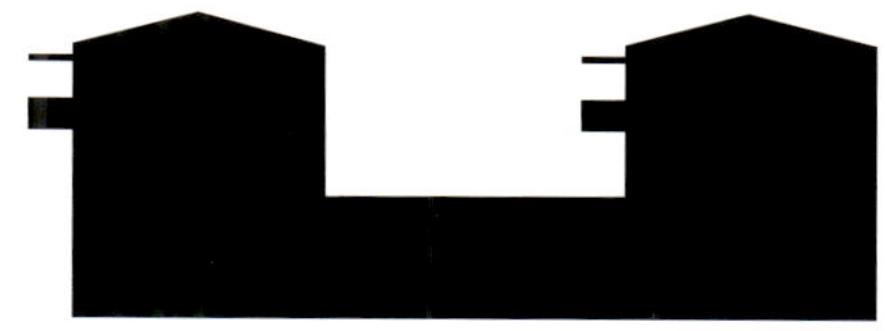
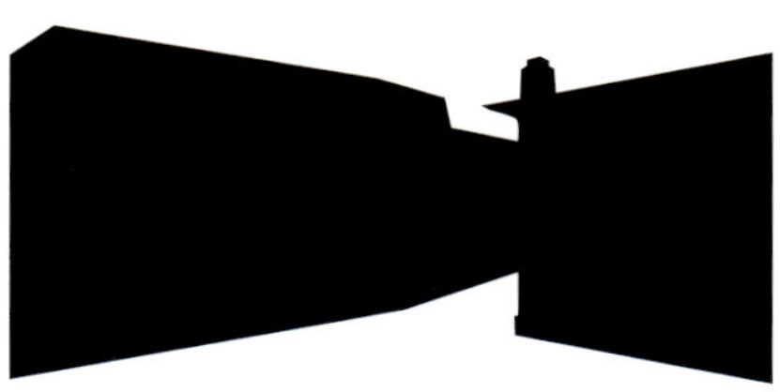

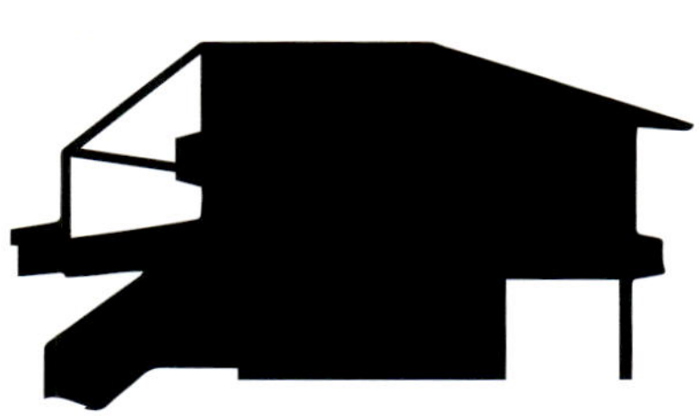
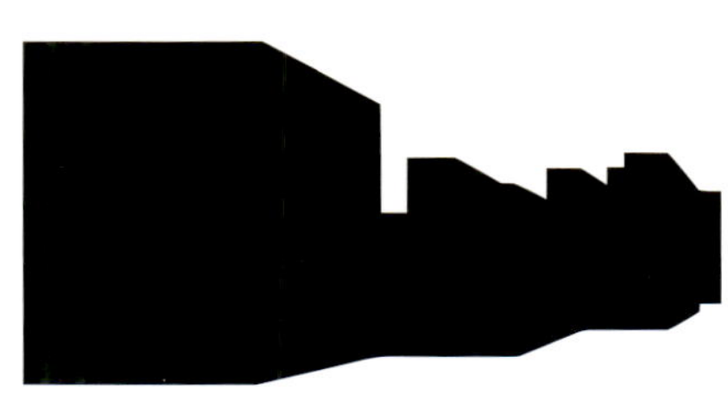

WEINHOF LOCKNBAUER
Mascha Ritter, Berlin

Das neue Betriebsgebäude für einen jungen Winzer in der südöstlichen Steiermark ist eine Interpretation des in dieser Region typischen Heustadels. In der in Längsrichtung erweiterten, einfachen Kubatur reihen sich alle Funktionen von Produktion bis Gastraum aneinander. Der massive Ziegelkörper des alten Bauernhofs blieb erhalten und bildet als Fasslager das Herzstück des formal zurückhaltenden Gebäudes. Ein offener Holzdachstuhl fasst die Komponenten zu einer Einheit, das Dach setzt sich als archetypisches schützendes Vordach in den Außenraum fort.

The new winery and production building for a young winemaker in south-eastern Styria is a reinterpretation of the barn typical of this region. Extended lengthwise, the simple cubature accommodates all functions, from production to guest room. The massive brick torso of the old farmhouse has been preserved. As barrel storage, it forms the core of the formally restrained building. An open wooden roof truss merges the various components into a single unit while the roof is extended into the exterior space as an archetypal protective canopy.

ARCHITEKTONISCHE QUALITÄT
ARCHITECTURAL QUALITY

» Dieses Weingut ist pure Hingabe, manifestiert in Holz, Raum und Licht. Es ist die Art von Projekt, bei dem Zeit (klug und ehrlich eingesetzt), Geld (intelligent zusammengetragen und ausgegeben) und Genie (in reichlichen Mengen) zusammentreffen. Oder vielleicht ist es einfach das, was herauskommt, wenn ein engagierter Winzer, der auf regionale Produktion und Qualität statt Quantität setzt, auf eine junge Architektin mit Fokus auf Kontext und Perfektion trifft. Die Lage: mit Blick auf die sanft abfallenden Hügel. Das Programm: die Unterstützung und Erleichterung aller notwendigen Schritte für die Herstellung eines schlichten und guten Weins. Der Businessplan: ein Restaurant, in dem regionale Speisen und Weine serviert werden. Hier geht es um Perfektion im Detail, in der Inszenierung und der Raumaufteilung. Hier fühlt sich der Winzer so wohl in seiner selbstgemachten Welt, dass er seine Gäste zur Erstverkostung seines frisch abgefüllten Weins einlädt. Es ist, als sei das Abenteuer, diesen Ort zu bauen, nur das Fundament aller künftigen Abenteuer. «

« This winehouse is total dedication manifested in wood, space, and light. It's the type of project where time (used wisely and honestly), money (raised and spent smartly), and genius (in copious amounts) coincide. Or maybe this is what happens when a dedicated winemaker, with a focus on regional production and quality over quantity, meets a young architect, with a focus on context and perfection. The setting: overlooking the gently rolling hills. The programme: facilitating all the necessary steps to create simple and good wine. The business plan: a restaurant serving regional food and wine. It's about perfect detailing, staging, and spacing. It's a place where the winemaker feels so comfortable in his self-made world that he invites his guests to join him in the first tasting of his freshly bottled wine. As if the adventure of building this place is merely the foundation for all adventures yet to come. »

Indira van 't Klooster

Der Gastraum bietet unter dem offenen Dachstuhl auf zwei Ebenen Bereiche für kleine Verkostungen oder größere Veranstaltungen. Die exakt gesetzten Ausblicke ins steirische Vulkanland werden durch spezifisch für den Raum gestaltete, fein detaillierte Holzoberflächen und -möbel aus Lärche und Weißtanne ergänzt.

Beneath the open roof truss, the guest room offers areas on two levels for smaller tastings or larger events. The precisely positioned views of Styria's Vulkanland are complemented by finely detailed wooden surfaces and furnishings in larch and white pine, designed specifically for the space.

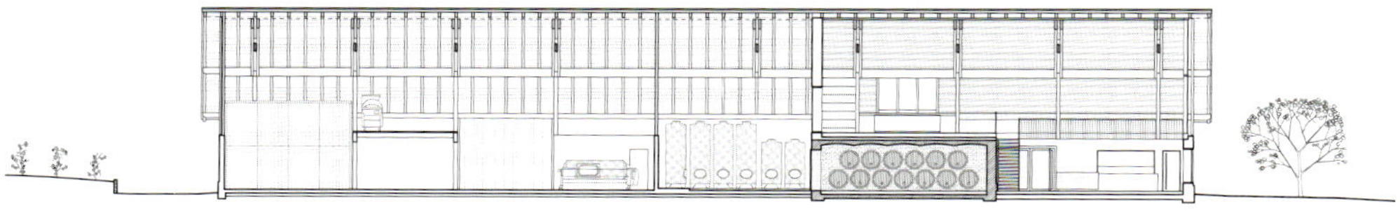

SCHNITT / **SECTION**

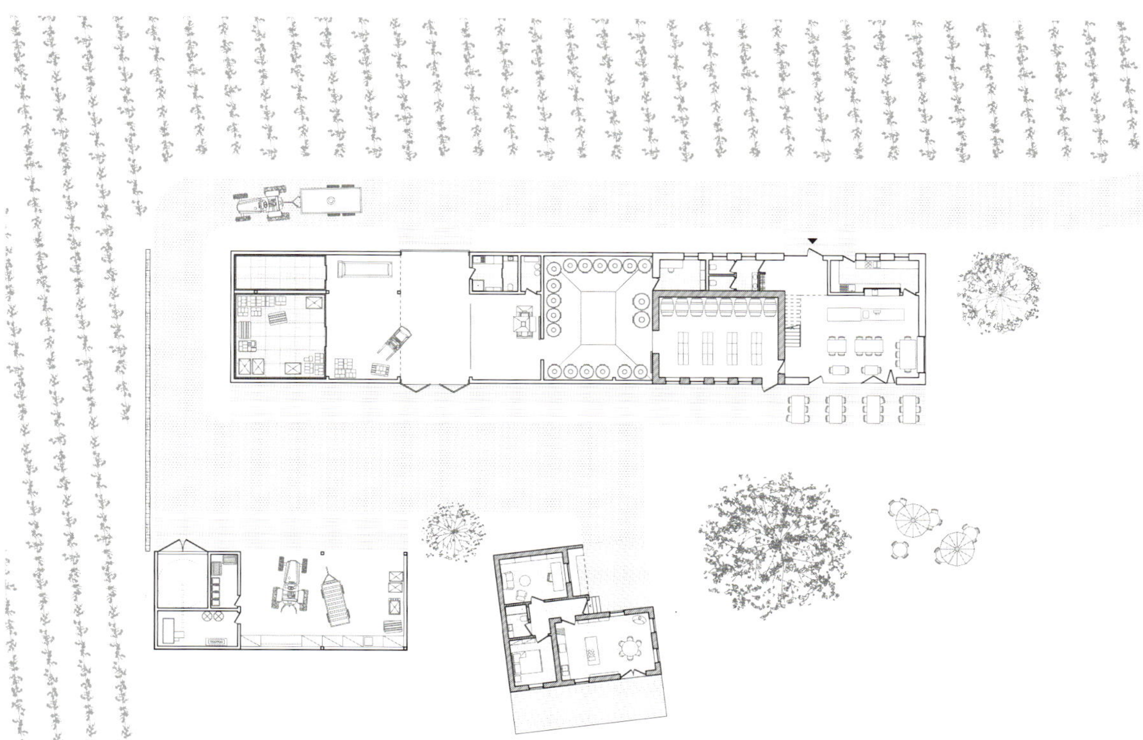

GRUNDRISS / **GROUND FLOOR**

ORTSZENTRUM STANZ

Nussmüller Architekten, Graz

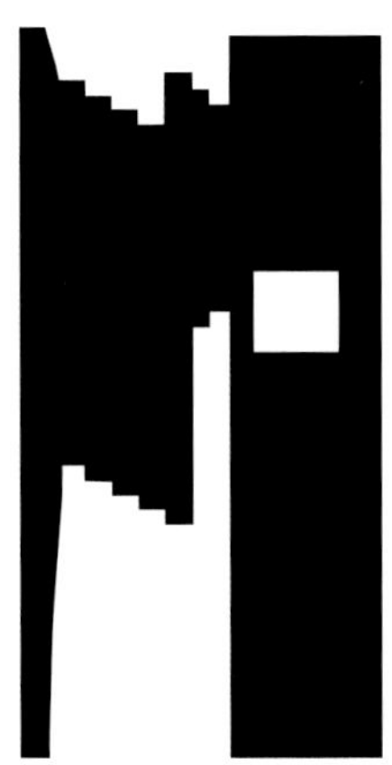

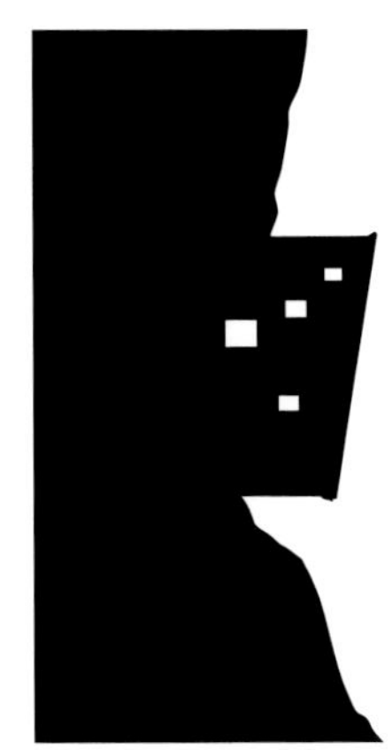

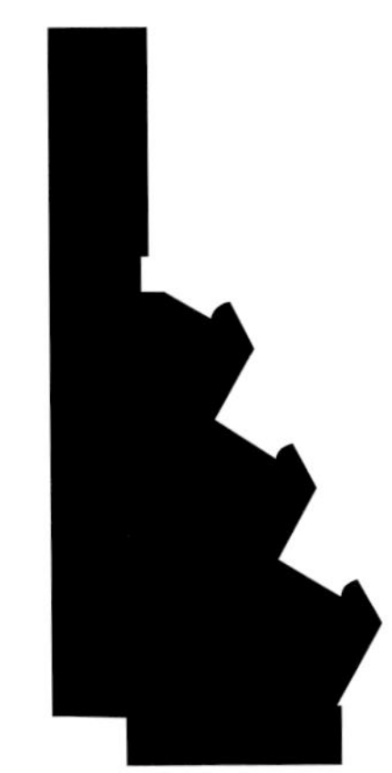

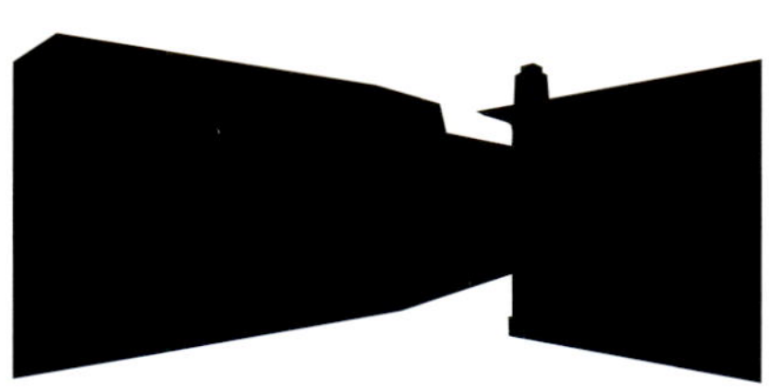

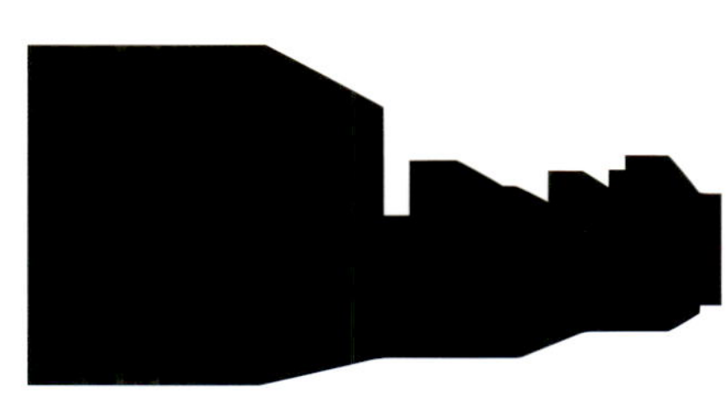

ORTSZENTRUM STANZ
Nussmüller Architekten, Graz

Im Rahmen der »Lokalen Agenda 21« »Stanz gemeinsam gestalten« wurde mit intensiver Bürgerbeteiligung und viel Idealismus ein multifunktionales Projekt zur Sanierung des Ortskerns entwickelt: ein Holzbau mit acht Starterwohnungen und acht betreubaren Wohneinheiten sowie einem neuen Nahversorger, eine Bankstelle und ein Dorfladen in einem sanierten Bestandsgebäude und der Umbau des Gemeindeamts und des Gemeinderatssaal zu einem Multifunktionssaal. Das so geschaffene Ensemble verleiht dem Zentrum einen urbanen Charakter und schafft einen Ort der Begegnung und Kommunikation.

Developed with intensive citizen participation and much idealism within the framework of the «Lokale Agenda 21», «Shaping Stanz Together» was a multifunctional project involving the restructuring of the town centre: a wooden building with eight starter apartments and eight assisted living units as well as new local amenities, a bank branch, and a village store in an existing, newly renovated building and the conversion of the local authority and the district council hall into a multifunctional venue. The resultant ensemble lends the centre an urban character while providing a place of encounter and communication.

BÜRGER*INNENBETEILIGUNG
CITIZEN PARTICIPATION

*» In kleinen Dörfern, die den Anschluss an die lokale Produktion verlieren, herrscht vor allem eines vor: das Gefühl im Stich gelassen zu werden. Bewohner*innen verlassen ihre Heimat für die Arbeit und ziehen an andere Orte. Lokale Geschäfte, Gesundheits-, Bildungsbereich und Freizeiteinrichtungen verschwinden, und die Gemeinschaft altert rasant, weil nicht genug Kinder geboren werden, um den Ort am Leben zu erhalten. Auch die Stanz wurde von diesem Schicksal ereilt. Doch der Bürgermeister führte die Gemeinde auf einen anderen Pfad. Bürger*innenbeteiligung, der Aufbau sozialer Gemeinschaften und Netze und ein Plan für erneuerbare Energien waren die Kernstücke des ›Lokale Agenda 21‹-Projekts, das 2016 startete. Nachdem das Projekt und seine Umsetzung an Dynamik gewonnen und internationale Aufmerksamkeit erregt hatten, wurde die Initiative im Jahr 2019 schließlich um einen Plan zur Verdichtung des Ortskerns erweitert, der von den Architekt*innen in enger Zusammenarbeit mit dem Bürgermeister, der Landesregierung und den Bürger*innen der Stanz entwickelt wurde. Der Entwurf selbst ist zurückhaltend und bescheiden, durch seine intelligente Organisation um einen Innenhof und die straßenseitige Ausrichtung jedoch überaus wirkungsvoll, und genießt die Unterstützung der Bürger*innen. «*

« The universal sentiment of small villages that are losing their connection with local production is abandonment. Their inhabitants follow the trails of employment and move elsewhere. Local shops, health care, education, and leisure facilities disappear, and the community ages rapidly because not enough babies are born to keep the city alive. Stanz was well on its way towards a similar fate, but its mayor took the village on a different path. Citizen participation, social community building, and a renewable energy plan were the ingredients of the ‹Local Agenda 21› project, launched in 2016. While the project and process gained momentum and international acclaim, it was expanded to include a plan for inner-city densification in 2019, designed by the architects in close collaboration with the mayor, the local parliament, and the citizens of Stanz. The plan itself is modest but highly effective in its smart organisation around a courtyard and streetside orientation, and it is approved by the citizens. »

Indira van 't Klooster

bio
Öffnungszeiten:

1 Nahversorger / **Local supplier**
2 Friseursalon / **Hair salon**
3 Laden / **Village shop**
4 Bank / **Bank**

GRUNDRISS PLATZNIVEAU / **FLOOR PLAN**

Durch die neuen, zentrumsnahen Wohnungen, die wiederangesiedelten Funktionen und die Schaffung einer fußläufigen Passage wird das Ortszentrum neu belebt.

The town centre has been revitalised by new, centrally located residential units, the return of various functions to the centre, and the creation of a pedestrian zone.

1 Wohnen / **Residence**
2 Betreubares Wohnen / **Assisted living**
3 Startwohnen / **Starter apartments**
4 Gemeindeamt / **Local authority**
5 Gemeindesaal / **Community hall**

GRUNDRISS ERDGESCHOSS / **GROUND FLOOR**

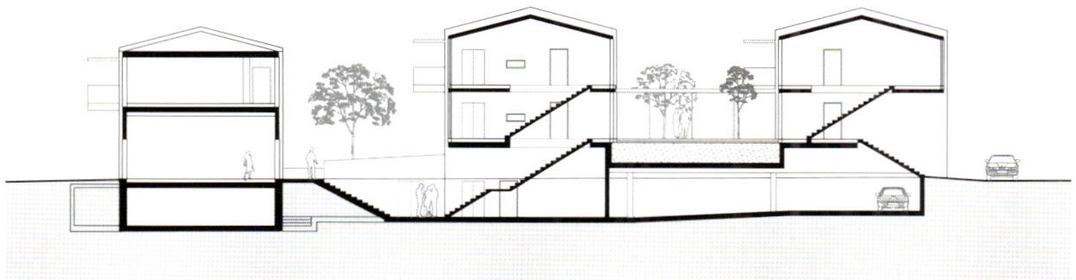

SCHNITT / **SECTION**

VOISTHALERHÜTTE

Dietger Wissounig Architekten, Graz

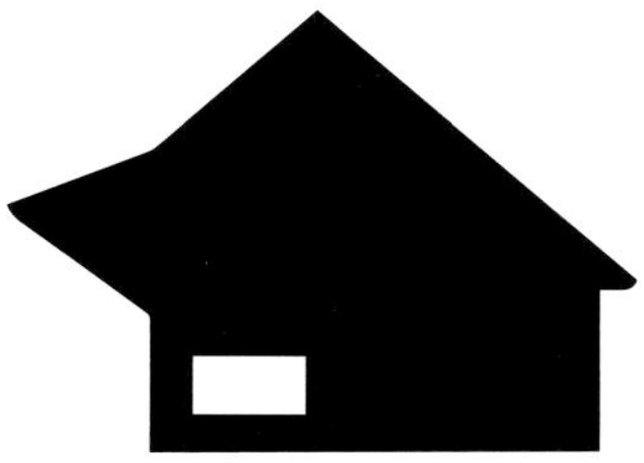

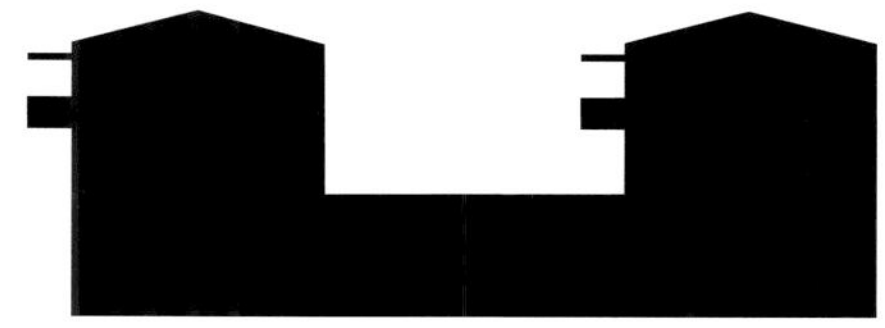

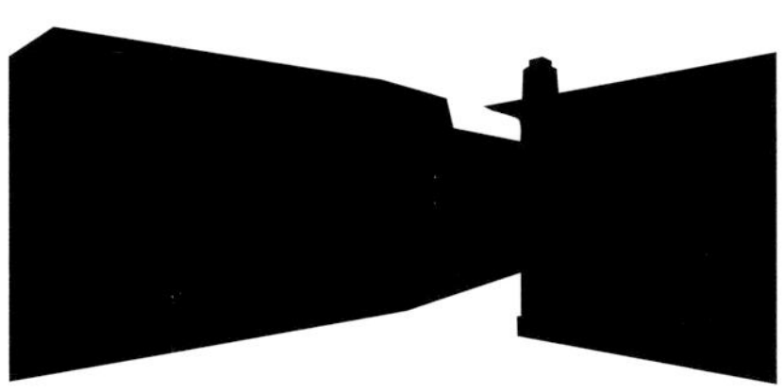

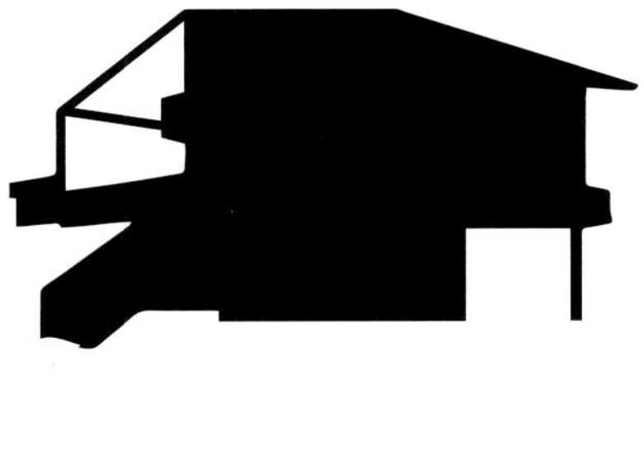

VOISTHALERHÜTTE
Dietger Wissounig Architekten, Graz

Die neue Voisthalerhütte am Hochschwab tritt als klares, vertikales Volumen und gut sichtbarer Orientierungspunkt im hochalpinen Gelände in Erscheinung. Ihre Form ergibt sich aus einer von Respekt und Bescheidenheit gegenüber Ort und Natur geprägten Haltung, ortsspezifischen Charakteristika wie Topografie, Wetterseiten und Ausblick und der primären Funktion eines Schutzhauses. An der Westseite erweitert eine Terrasse den Gastraum und im Untergeschoss wurde die zuvor in einem eigenen Gebäude untergebrachte Materialseilbahn integriert. Die sägeraue Lärchenholzschalung erlaubt es der Natur, sich mit der Zeit in die Oberfläche der jetzt die Landschaft kontrastierenden Hütte einzuschreiben.

The new Voisthaler Hut on the Hochschwab mountain appears as a coherent, vertical volume and a widely visible landmark in the high alpine terrain. The building's form results from a specific attitude towards the locale and nature, characterised by respect and humility, and from site-specific characteristics such as topography, weather sides and views, and its primary function as a mountain shelter. On the west side, the guest room is extended by a terrace while the goods cable lift, formerly accommodated in a separate building, has been integrated into the lower level. The rough-cut larch wood exterior allows nature to inscribe itself onto the surface of the hut, which at the moment still contrasts with the landscape.

BEZUG ZUR NATUR
RELATION TO NATURE

*» Manchmal wird die reine Schönheit der Architektur nicht (nur) von den Architekt*innen, sondern auch durch ihren Kontext geschaffen. Hoch oben in den Bergen gelegen, fast das halbe Jahr lang nicht zu erreichen, ist diese Hütte trotz ihrer Bescheidenheit zugleich Sinnbild für das Ultimative in der Architektur: Harmonie, Einfachheit, Genügsamkeit. Schlichtes Holz, Etagenbetten, einfaches Essen, keine Duschen, aber eine fantastische Aussicht – diese Belohnung erwartet Besucher*innen, die den Berg erklommen haben oder den Pfad hinaufgewandert sind. Der Auftraggeber schrieb einen Wettbewerb aus, um junge, vielversprechende Architekt*innen zu finden – und fand den ›Heiligen Gral‹ der Schlichtheit unter den aufwendigeren, extravaganteren und kostspieligeren Einreichungen. Dieses Gebäude ist Laugiers primitive Hütte unserer Zeit. Darüber hinaus stellte der Architekt sicher, dass das neue Gebäude den ökologischen Fußabdruck seines Vorgängers nicht übersteigt. Er ›räumte‹ das Grundstück außerdem auf, indem er die bestehenden kleinen Gebäude nahtlos in das neue integrierte. «*

« Sometimes sheer beauty in architecture is not (only) provided by the architect but also by its context. High up in the mountains, impossible to reach for almost half the year, this humble hut also represents the ultimate in architecture: harmony, simplicity, modesty. Plain wood, bunk beds, simple food, no showers, yet an amazing view—that is the reward for visitors who have climbed the mountain or walked up the path. The client issued a competition to find young and promising architects and surely found the simple ‹Holy Grail› among the more lavish, capricious, and costly entries. This building is Laugier's Primitive Hut of our time. Furthermore, the architect made a point of ensuring that the new building never exceeded the footprint of the previous one. He also ‹tidied up› the plot by smoothly integrating the existing small buildings into the new one. »

Indira van 't Klooster

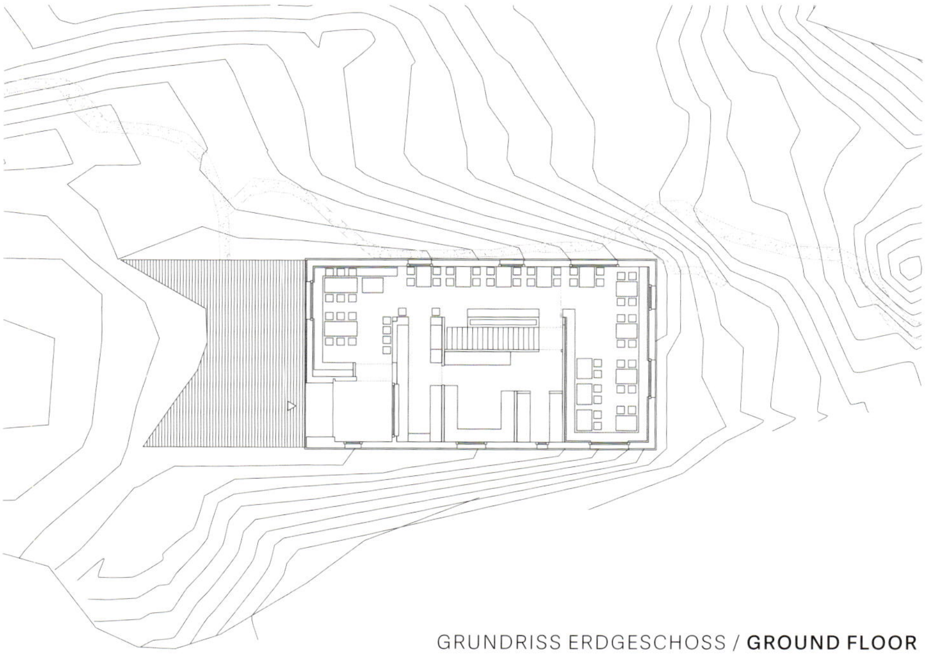

GRUNDRISS ERDGESCHOSS / **GROUND FLOOR**

Die bewusst einfache Innenausstattung wird von den naturbelassenen Oberflächen der Konstruktion aus Brettsperrholzplatten geprägt. Große Fensteröffnungen rahmen den Blick auf die umgebende Natur.

The deliberately plain interior design is characterised by the natural, untreated surfaces of the cross-laminated timber construction. The large windows frame views of the natural surroundings.

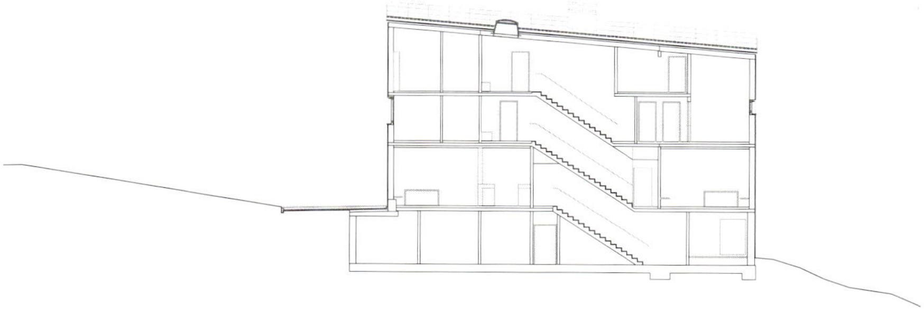

SCHNITT / **SECTION**

ANATOMIELEHRSTUHL MED UNI GRAZ

Franz&Sue, Wien

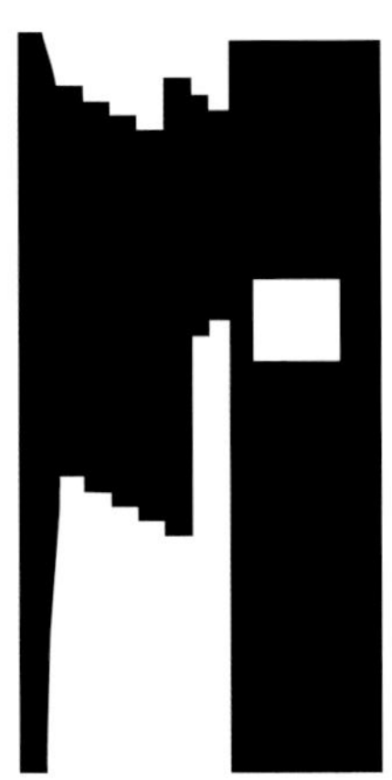

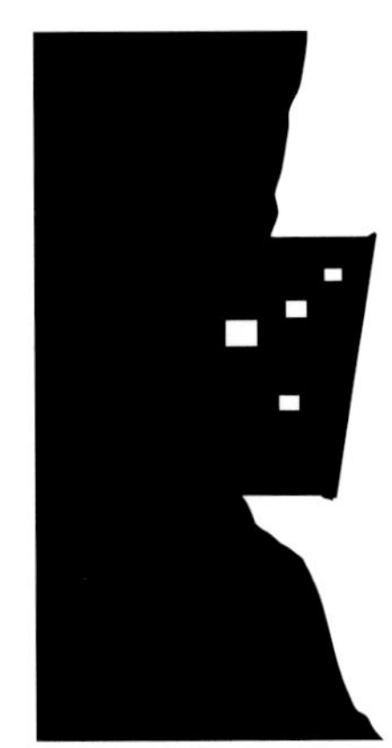

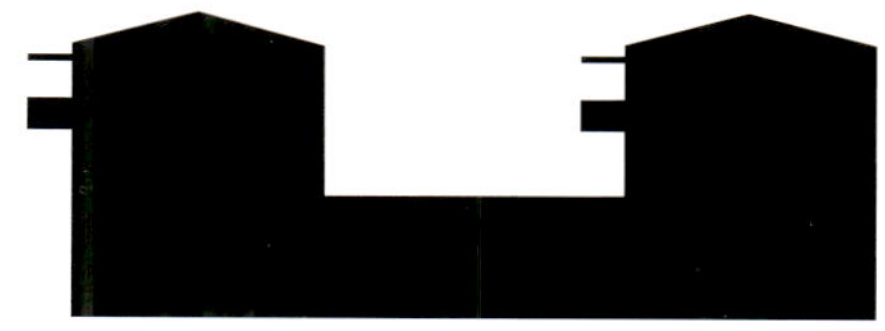

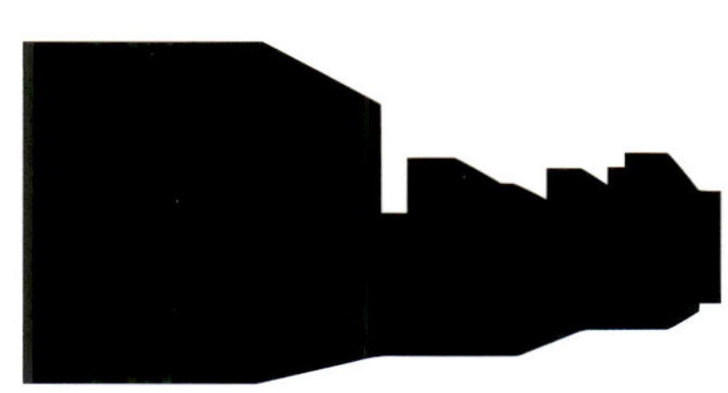

ANATOMIELEHRSTUHL MED UNI GRAZ
Franz&Sue, Wien

In der historischen Substanz der Pavillonstruktur des LKH-Universitätsklinikums Graz wurde ein Neubau für den Anatomielehrstuhl der Medizinischen Universität Graz errichtet. Dieser bietet zwei Seziersälen für 480 Studierende, Räumen für die Konservierung und Aufbewahrung der Leichname sowie einem unterirdischen Hörsaal Platz. Die innovative Haustechnik trifft auf schlichte Räume, die eine Balance zwischen räumlicher Offenheit und pietätsvoller Abgrenzung schaffen. Der denkmalgeschützte Altbestand mit dem historischen Anatomiesaal, der Bibliothek, Seminar- und Laborräumen und der Verwaltung wurde behutsam saniert und für einen zeitgemäßen Laborbetrieb adaptiert.

Within the historical pavilion structure of University Hospital Graz, a new building was constructed for the Anatomy Department of the Medical University of Graz. It accommodates two dissection halls for 480 students, spaces for cadaver preservation and storage, and a subterranean lecture hall. The visible innovative building technology meets sober, understated spaces that generate a balance between spatial openness and reverential delimitation. The original listed building, with its historical dissecting room, library, seminar and laboratory rooms, and administrative offices, was sensitively renovated and adapted to contemporary laboratory operations.

VERBINDUNG VON ALT UND NEU
CONNECTING OLD AND NEW

*» Schon die Feinsinnigkeit und die Handwerkskunst dieses Projekts sind eine Bereicherung. Der eigentliche Kernpunkt ist jedoch nicht die Anpassung eines aus dem 19. Jahrhundert stammenden Universitätsgebäudes an moderne Bedürfnisse, sondern die Frage, wie es gelingen kann, am helllichten Tag 50 Leichname auf pietätvolle Weise in einen Raum zu bringen, in dem sie zu Studienzwecken untersucht werden können. Trotz dieser schwierigen Umstände ist das Ergebnis brillant. Es wurde ein intelligentes System aus modularen Bahren entwickelt, um die Leichname vom Eingang des Gebäudes zu den Konservierungstanks und schließlich in die Übungsräume für die Studierenden zu transportieren. Unterdessen reguliert eine hochmoderne Lüftungsanlage die Raumluft und Milchglasfenster lassen Tageslicht hinein, während die Aktivitäten im Inneren gleichzeitig vor unerwünschten Blicken von außen geschützt sind. Wo mit Toten gearbeitet wird, sind Zeugnisse des Lebens unerlässlich. Deshalb haben sowohl Auftraggeberin als auch Architekt*innen ihre Möglichkeiten und Budgets ausgereizt, um ein Oberlicht im Hörsaal und eine Begrünung im Innenhof zu schaffen. «*

« The subtlety and craftmanship in this project is a value in itself, but the real issue of this project is not about adjusting a 19th century university building to modern needs, but about how to make sure that 50 corpses can be respectfully brought into a room for students to study them in broad daylight. All awkwardness aside, the result is brilliant. A smart system of modular stretchers has been designed to guide the corpses from the moment they enter the building to formaldehyde tanks for preservation and to practice rooms for studying. Meanwhile, a state-of-the-art ventilation system regulates fresh air, and milk glass windows allow in daylight, without exposing the activities inside to accidental passers-by. While working around the dead, evidence of life is crucial. Hence, both client and architects have stretched their capabilities and budgets to provide a skylight in the lecture room and a tree of life in the courtyard. »

Indira van 't Klooster

Im denkmalgeschützten Bestandsgebäude wurde durch den Rückbau zwischenzeitlicher Ergänzungen ein neuer Haupteingang mit großzügigem Foyer geschaffen.

In the listed building, the removal of subsequently added elements created a new main entrance with a spacious foyer.

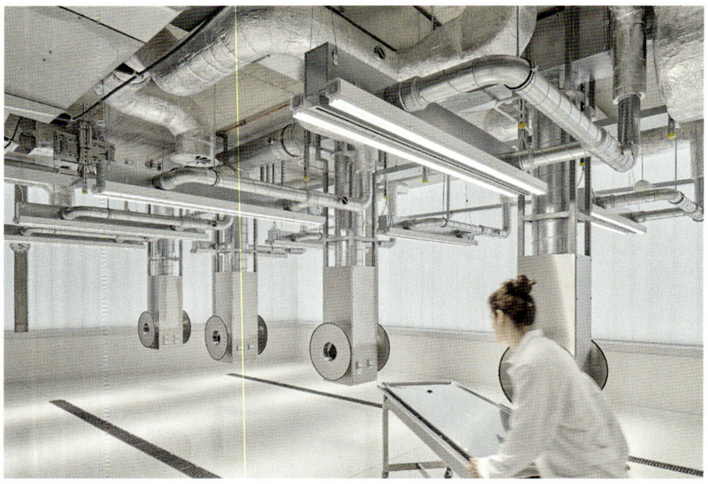

Die Seziersäle werden von der verchromten Verrohrung der neu entwickelten, hocheffizienten Lüftungsanlage geprägt, die für die Reduzierung der Formaldehydbelastung notwendig ist.

The dissecting rooms are characterised by the chrome-plated piping of the newly developed high-performance ventilation system, which is required to reduce exposure to formaldehyde.

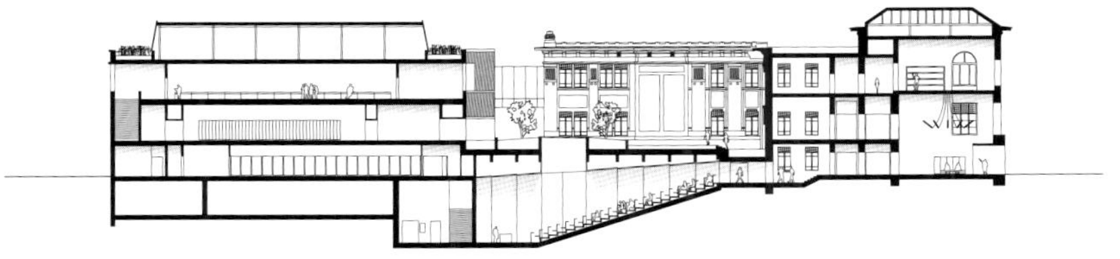

SCHNITT / **SECTION**

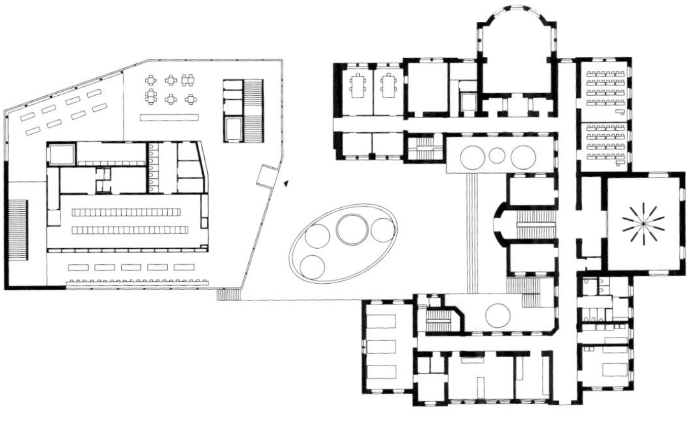

GRUNDRISS ERDGESCHOSS / **GROUND FLOOR**

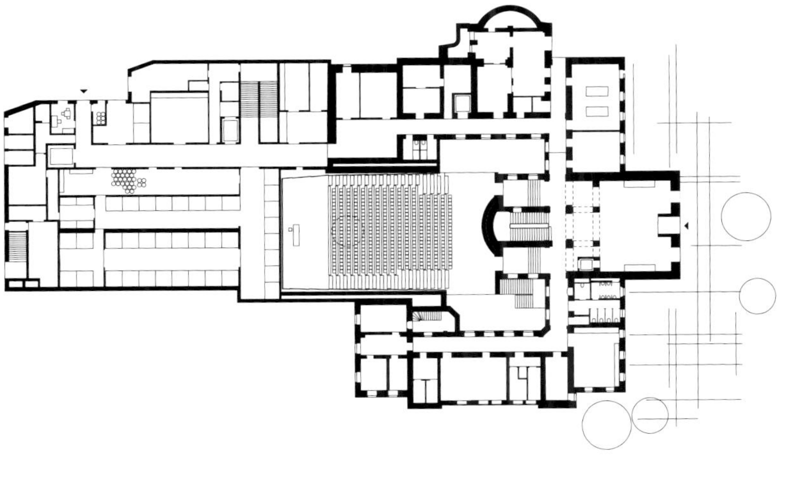

GRUNDRISS UNTERGESCHOSS / **BASEMENT**

KIUBO 1.0

Hofrichter – Ritter Architekten, Graz

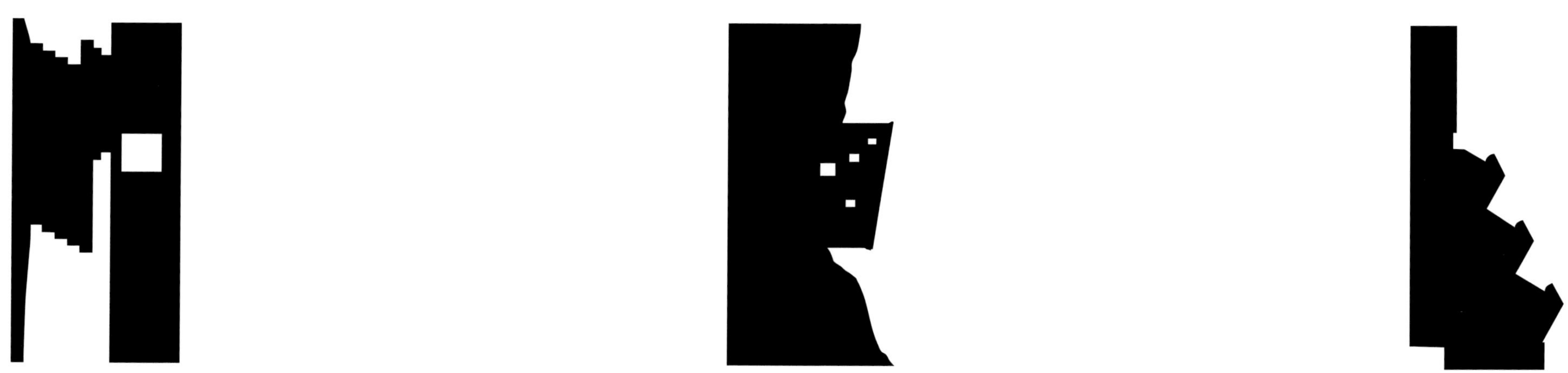

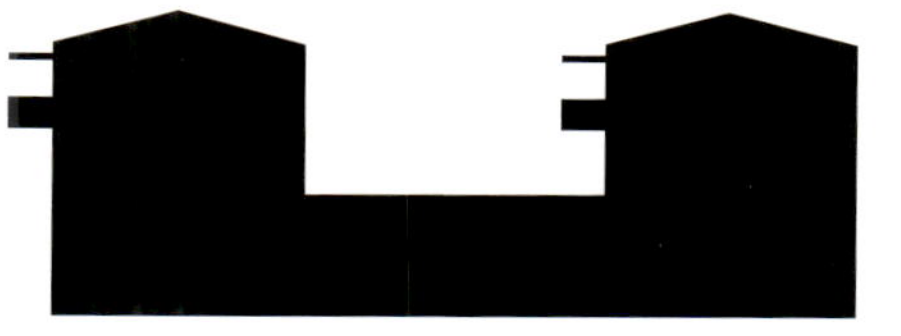

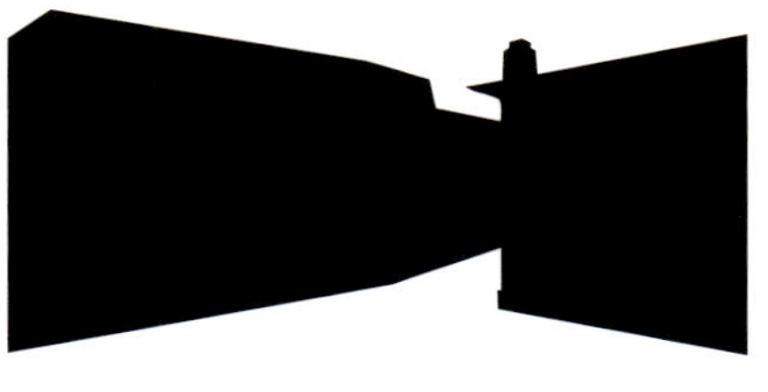

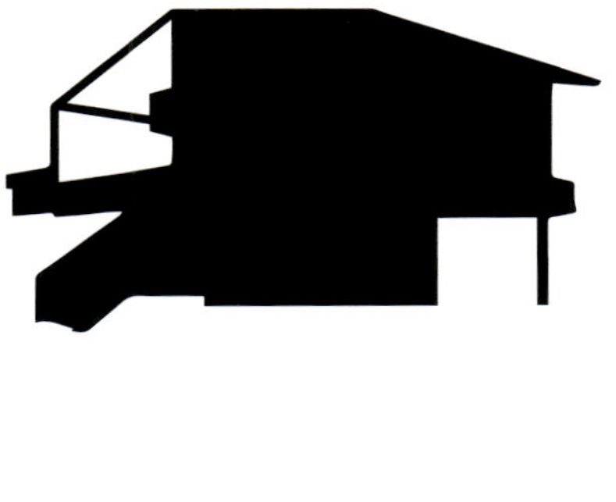

KIUBO 1.0
Hofrichter – Ritter Architekten, Graz

»Kiubo« ist ein modulares Bausystem, das die tragende Terminal-Struktur konsequent vom Ausbau trennt und flexibel auf individuelle Lebensphasen anpassbar ist. Das Terminal enthält die notwendige Basisinfrastruktur wie Wasser- und Energieversorgung und fügt sich in den jeweiligen ortsspezifischen Kontext ein. Die 25 Quadratmeter großen, kombinierbaren Module funktionieren als »Plug&Play«-Elemente und können unkompliziert in ein anderes Terminal übersiedeln. Das erste realisierte Terminal besteht aus 19 Wohneinheiten beziehungsweise 33 Modulen und verschiedenen geschlossenen und offenen Gemeinschaftsflächen.

«Kiubo» is a modular building system that strictly separates the load-bearing «structure terminal» from finishing work and is flexibly adaptable to various life phases. The terminal is equipped with the necessary basic infrastructure, including water and energy supplies, and can be integrated into the specific local context. The individual, combinable modules, which measure 25 square metres, function as «plug&play» elements and can be easily relocated to a different terminal. The first implemented terminal consists of 19 residential units or 33 modules and a variety of closed and open common areas.

TECHNOLOGISCHE INNOVATION
TECHNOLOGICAL INNOVATION

*» Modulares Bauen ist ein Puzzle, das auf europäischer Ebene gelöst werden muss. In diesem Fall gingen Architekt*innen und Auftraggeber sogar noch einen Schritt weiter und erweiterten das Puzzle um temporäres und flexibles Wohnen in beweglichen Einheiten – weltweit. Das Projekt dient als Flaggschiff für ein kühnes, bewundernswertes und zugleich inspirierendes Konzept: Das modulare Bausystem (mit letztendlich niedrigeren Baukosten) führt hier zu einer hohen architektonischen Qualität und zu mehr Zufriedenheit bei den Nutzer*innen, da die Tragstruktur klug konzipiert ist. Kiubo beweist, dass modulare Gebäude, die als Infill-Projekte in einem hochwertigen architektonischen Rahmen konzipiert werden, sich an jeden (sensiblen, historischen oder spezifischen) städtischen Kontext anpassen lassen. Zwar wurde der Infill-Ansatz in der Vergangenheit bereits von mehreren bedeutenden Architekt*innen verfolgt, dieses Projekt nimmt jedoch einen besonderen Stellenwert in der heutigen modularen Baupraxis ein. Denn dort mangelt es in der Regel an sämtlichen Qualitäten, die dieses Projekt in Hülle und Fülle hat. «*

« Modular building is a puzzle that needs to be solved on a European scale. In this case, architect and client even took it one step further and extended the puzzle to include temporary and flexible living in moveable units—worldwide. This project serves as a flagship for an audacious concept, which is both admirable and inspiring. In this particular project, the modular building (with eventually cheaper building costs) results in high architectural quality and better user satisfaction, because the support structure is well designed. It proves that modular building, when conceived as an infill project in a high-quality architectural frame, can adapt to any (sensitive, historical, or specific) urban context. Even considering that this type of support infill approach has been adopted by several great architects in the past, this project is very relevant within today's modular building practice—which usually lacks all the qualities that this project has in abundance. »

Indira van 't Klooster

Das modulare System bietet durch den hohen Vorfertigungsgrad nicht nur Vorteile bei Kosten und Bauzeit, sondern auch bei der Flexibilität des Nutzungsmixes an den jeweiligen Standorten.

Due to high levels of prefabrication, the modular system not only offers advantages in terms of construction costs and times but also considerable flexibility regarding the mix of uses at any given location.

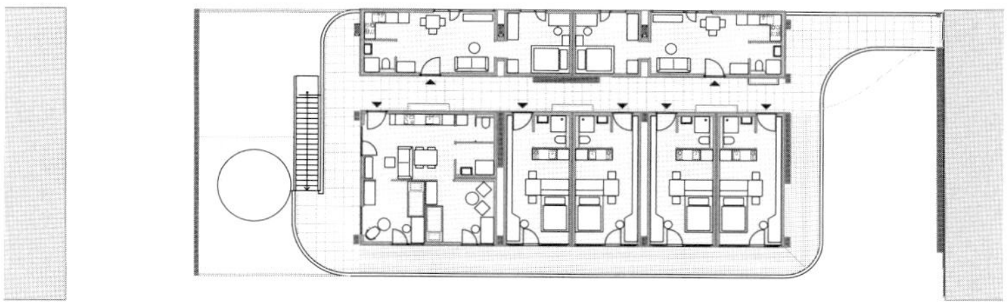

GRUNDRISS 2. OBERGESCHOSS / **SECOND FLOOR**

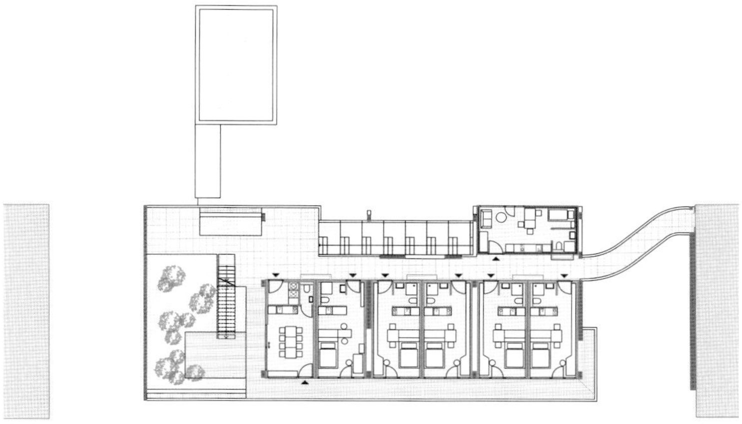

GRUNDRISS 1. OBERGESCHOSS / **FIRST FLOOR**

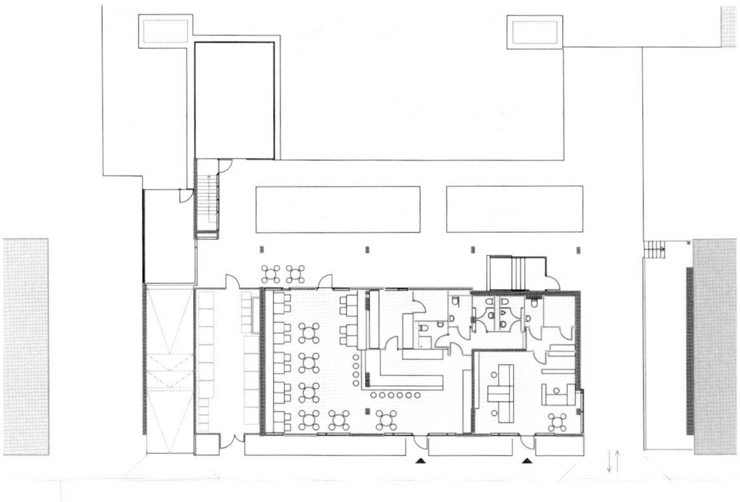

GRUNDRISS ERDGESCHOSS / **GROUND FLOOR**

STADTBOOTSHAUS

KUESS Architektur, Lieboch

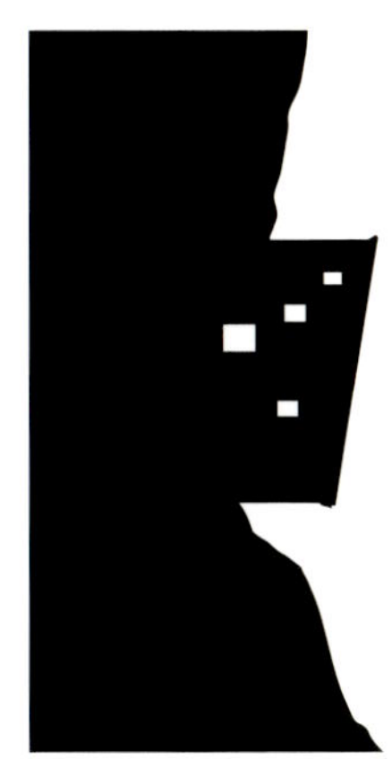

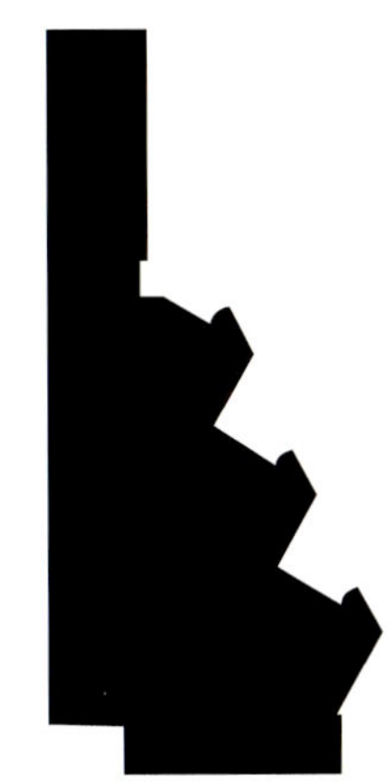

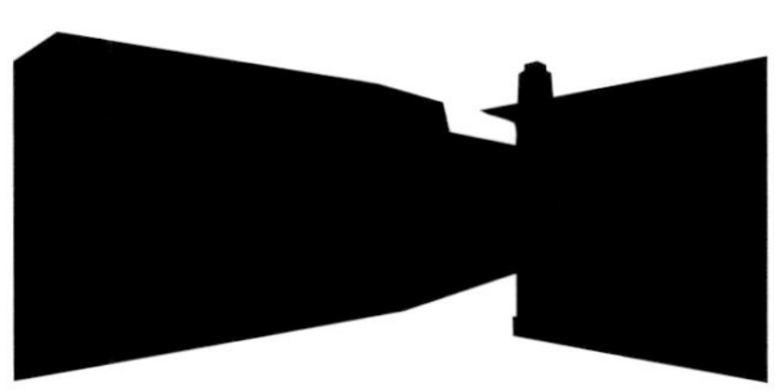

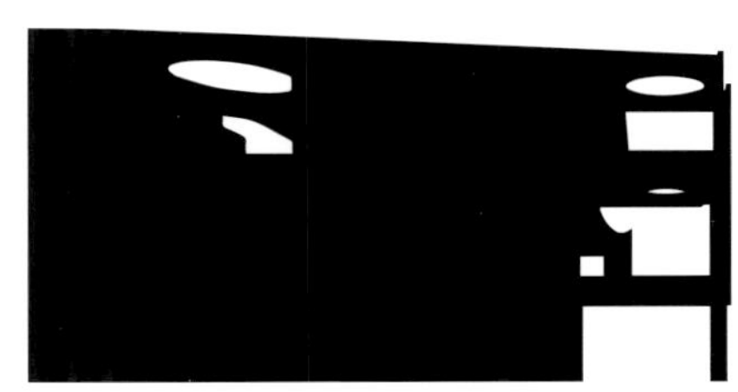

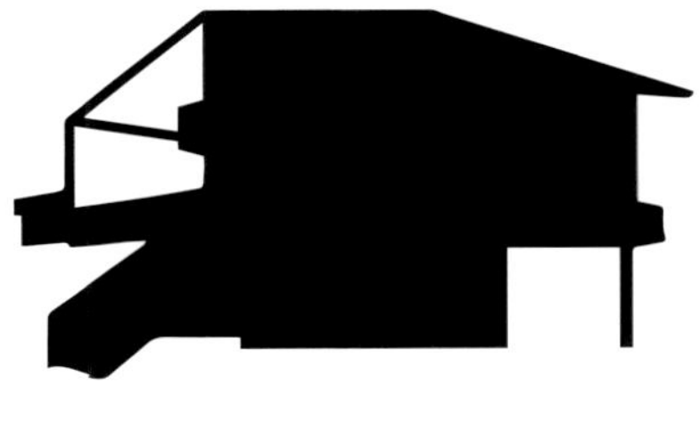

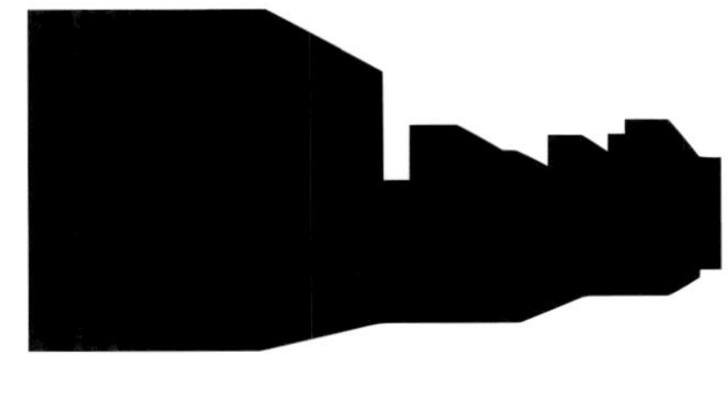

STADTBOOTSHAUS
KUESS Architektur, Lieboch

Das neue »Stadtbootshaus« wurde als schmalgezogenes Volumen in die Uferböschung der Mur integriert und schafft unterschiedliche Außen- und Innenraumqualitäten auf verschiedenen Ebenen. Geplant als hybrides Gebäude zwischen bloßer Überdachung und beheizbaren Innenräumen, ist das Dach als Stadtbalkon direkt vom Kai aus barrierefrei begeh- und konsumationsfrei nutzbar, die Vereinsbereiche darunter können flexibel zur Uferpromenade hin geöffnet werden. Das »Stadtbootshaus« leistet einen wesentlichen Beitrag dazu, die Stadt ans Wasser und den Wassersport ins Stadtzentrum zurückzubringen.

A narrow, elongated volume, the new «Stadtbootshaus», has been integrated into the embankment of the River Mur, generating varied exterior and interior spatial qualities on diverse levels. Planned as a hybrid building combining a straightforward canopy and heated interior spaces, the roof is usable as an urban balcony, a handicapped-accessible, consumption-free space that is accessed directly from the quayside. The club areas below can be opened flexibly towards the waterside promenade. The «Stadtbootshaus» makes an essential contribution to reorienting the city towards the water and to bringing water sports back into the city centre.

SCHAFFUNG ÖFFENTLICHEN RAUMS
CREATING PUBLIC SPACE

*» Dieses Projekt, für das nur ein geringes Budget zur Verfügung stand, kombiniert städtische Sportaktivitäten mit öffentlichem Raum und architektonischer Raffinesse am Ufer der Mur. Wo ein Großteil der Wettbewerbseinreichungen auf mehr Sichtbarkeit und Höhe auf Straßenebene setzte, sah diese junge Architektin die Chance, einen wahrhaft öffentlichen Raum zu schaffen, der auch mit Gehhilfe oder Rollstuhl zugänglich ist. Das Bootshaus fügt sich sensibel in die bestehende Uferböschung an der Mur ein und schafft einen Weg für Fußgänger*innen und Radfahrende. Die Treppenstufen laden dazu ein, Platz zu nehmen und den Fluss mit den vorbeiziehenden Kanus zu betrachten. Die schlichte Box aus Holz bietet ausreichend Platz für anspruchsvolles Training, Mitgliederveranstaltungen und die Lagerung von Booten. Mit diesem bodenständigen Entwurf voller minimalistischem Luxus haben Auftraggeberin und Architektin ein Juwel auf dem Wasser geschaffen. «*

« This low-budget project combines urban sports, public space, and architectural sophistication on the banks of the River Mur. Where most of the competition entries increase street visibility and height on the street level, this young architect saw the possibility to create a true public space that is accessible both on foot and by walking frame or wheelchair. The boathouse itself leans modestly against the riverbank, creating a path for pedestrians and cyclists below. Or one can simply sit on the stairs and take in the river and the canoeing activities. The simple wooden box provides just the space needed for high-level training, members' gatherings, and boat storage. There is such minimalist luxury to be found in this design, where neither client nor architect went overboard, but a down-to-earth attitude created a gem on the water. »

Indira van 't Klooster

TADTBOOTSHAUS

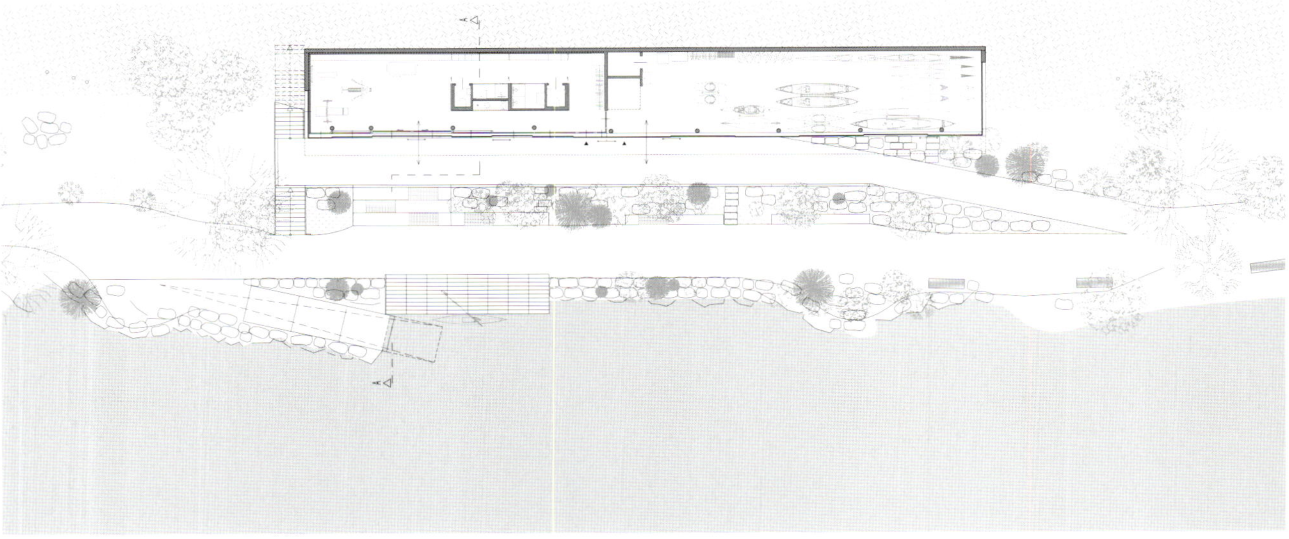

GRUNDRISS ERDGESCHOSS / **GROUND FLOOR**

BOOTSHAUS

CLUB HYBRID

Pretterhofer Arquitectos und MVD Austria, Wien

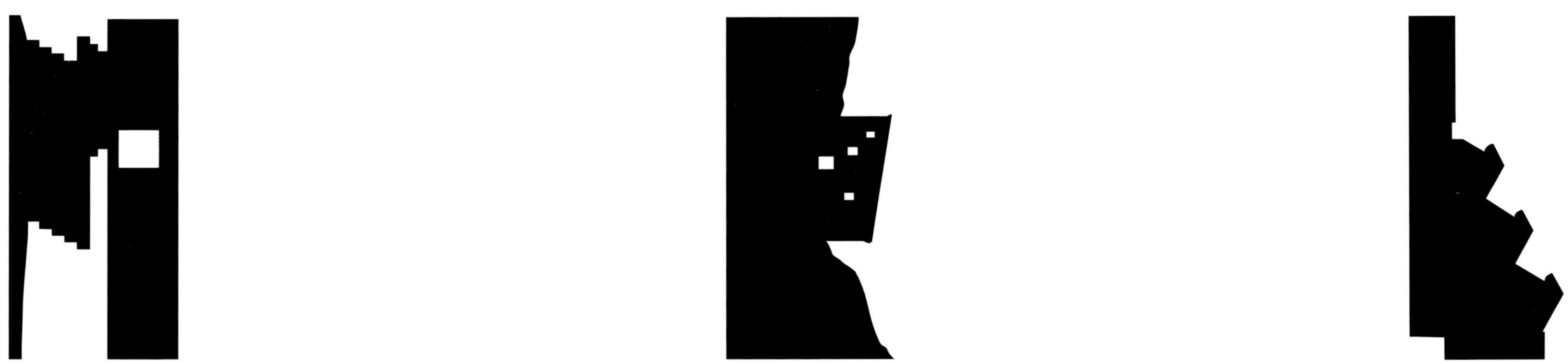

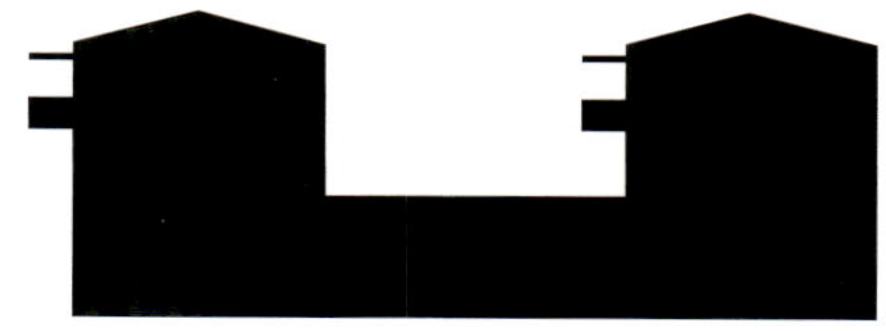

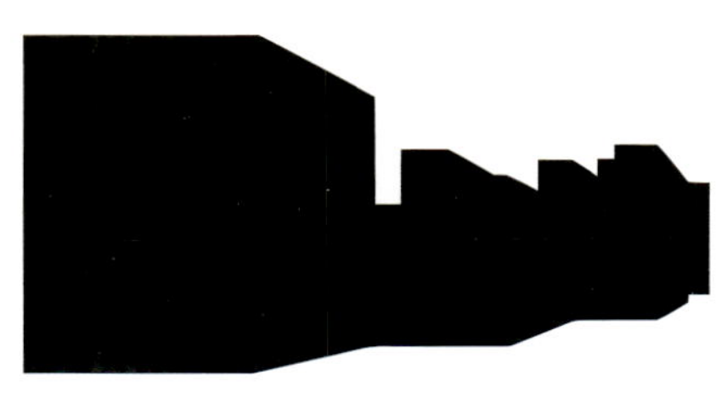

CLUB HYBRID
Pretterhofer Arquitectos und MVD Austria, Wien

In einer urbanen Nebelzone der Stadt, zwischen Gewerbe, Industrie und Einfamilienhäusern, entstand im Rahmen des »Graz Kulturjahr 2020« der offene Demonstrativbau »Club Hybrid« als temporäre aktive Intervention. Ein großer Tisch, der Schutz und Schatten spendet, darauf ein schlichtes, nutzungsoffenes Holzvolumen und ausreichend Freiraum bilden das Grundgerüst für ein hybrides Programm, das unterschiedliche Akteur*innen an urbanen Notwendigkeiten und Perspektiven arbeiten lässt. Eine Kantine für Alltag und Veranstaltungen, einfache Studios zum Übernachten und die Fähigkeit des Gebäudes, sich zu verändern oder umzuziehen, vervollständigen das Konzept.

«Club Hybrid», an open demonstrative building, was constructed in an urban grey zone between commercial and industrial uses and single-family homes as a temporary active intervention within the framework of the «Graz Kulturjahr 2020». A large table providing shelter and shade, on top of it a simple, flexibly usable wooden volume, and sufficient open space constitute the basic structure for a hybrid programme that enables a variety of protagonists to explore urban necessities and perspectives. Completing the concept is a canteen for everyday use and special events, simple studios for overnight stays, and the building's capacity to accommodate change or even relocation.

GEMEINSCHAFTSBILDUNG
COMMUNITY BUILDING

*» Der ›Club Hybrid‹ kombiniert kulturelle Werte, Beteiligung und Nachbarschaftsentwicklung. Während Künstler*innen öffentliche Debatten anregen und das Gebäude damit aufwerten, dient der Club außerdem als Schnittstelle verschiedener Unternehmen in der Nachbarschaft. Es ist die Art von Projekt, bei dem die Architekt*innen nahezu unsichtbar bleiben, denn die Frage nach der Verfügbarkeit von Materialien jeglicher Art, die notorisch niedrigen Budgets (wenn nicht im ersten, dann mit Sicherheit in den folgenden Jahren) und die ständige Ungewissheit über die Zukunft stehen stets im Vordergrund. Doch sind es genau diese Architekt*innen, die hier das Konzept entwickeln, alle Akteur*innen zusammenbringen und das Projekt am Leben erhalten. Angesichts all dessen beeindruckt die geschickte Organisation des Gebäudes und die subtile Art und Weise, wie es öffentliche Räume zur Verfügung stellt und die gesellschaftliche Resilienz fördert. Zweifellos verdient das Vorhaben ›Club Hybrid‹ Unterstützung, Anerkennung, Sichtbarkeit und finanzielle Förderung, damit seine Zukunft gesichert ist. «*

« ‹Club Hybrid› combines cultural values, public participation, and neighbourhood development. While artists stir public debate and enhance the building, the club connects various companies in the neighbourhood. It's the type of project that renders the architect almost invisible, as the availability of whatever materials, the notoriously low budgets (if not in the first year, then certainly in the years to come), and constant uncertainty about its future are always prevalent. Yet, it's the very same architects who develop the concept, bring all partners together, and keep the project alive. Given all that: look at the clever organisation of the building and the subtle way it also provides public amenities and promotes social resilience. It certainly is the type of project that deserves support, appreciation, visibility, and funding to secure a future. »

Indira van't Klooster

CLUB HYBRID

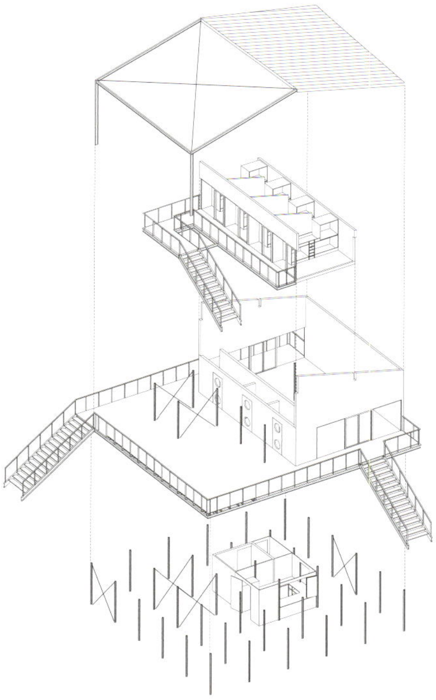

ISOMETRIE / **ISOMETRY**

Ebene 2: vier Studios mit jeweils zwei Schlafplätzen
Level 2: four studios, each with two sleeping places

Ebene 1: Werkraum, Nassräume, Terrasse
Level 1: Work room, wet rooms, terrace

Ebene 0: Kantine, Gastgarten, barrierefreier Nassraum, Lager
Level 0: Canteen, guest garden, handicapped-accessible wet room, storage

MED CAMPUS GRAZ

Riegler Riewe Architekten, Graz

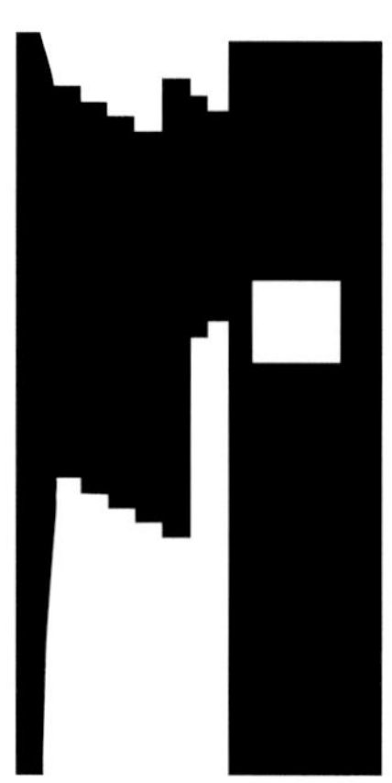

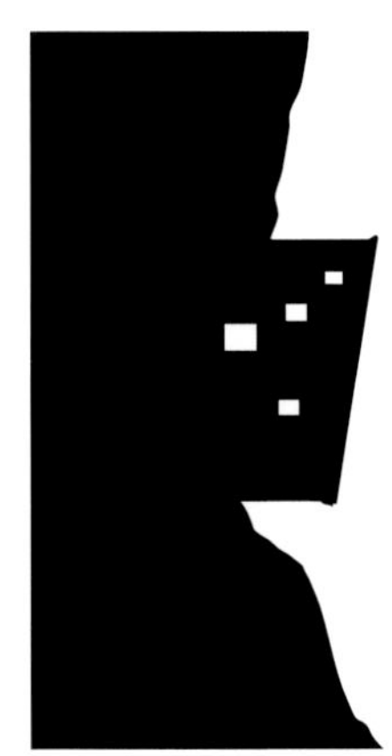

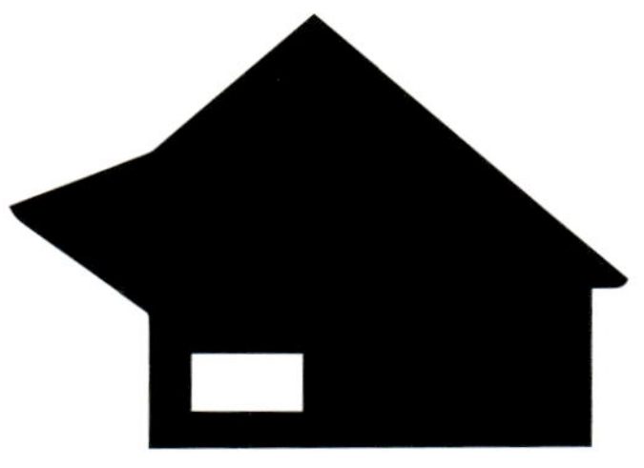
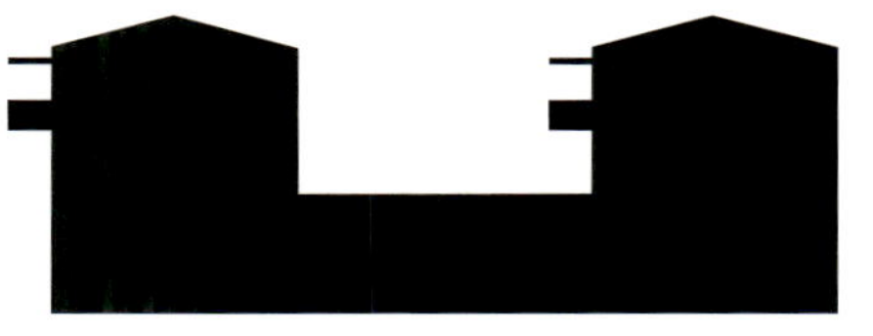
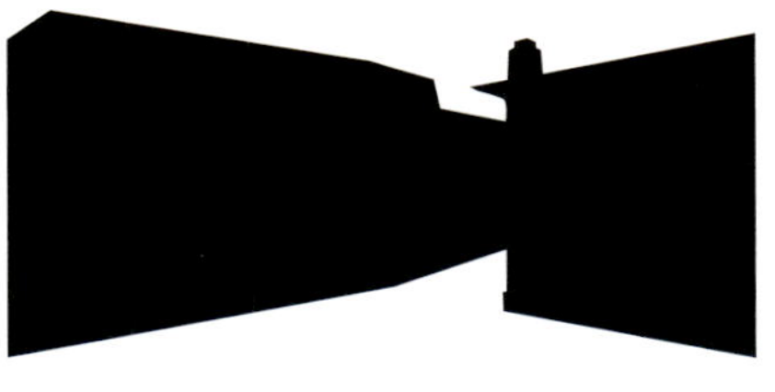
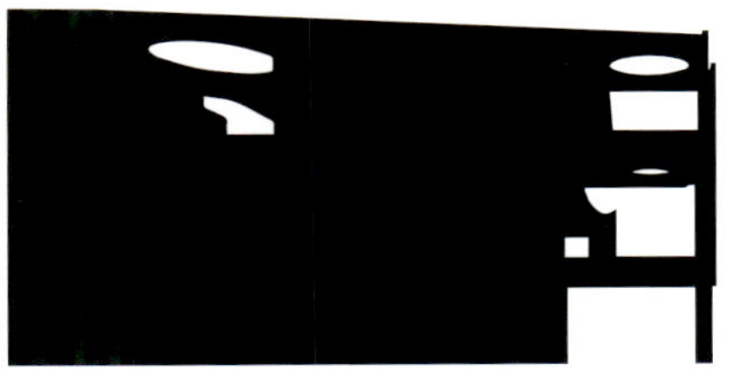
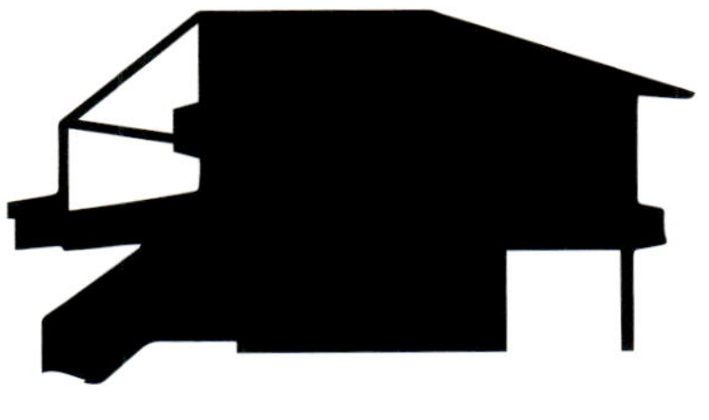

MED CAMPUS GRAZ
Riegler Riewe Architekten, Graz

Der »MED CAMPUS« vereint alle Instituts-, Lehr- und Forschungseinrichtungen der Medizinischen Universität Graz an einem Ort. Ähnlich einem Stadtquartier erzeugt das klar strukturierte Ensemble mit einem Wechselspiel von Bebauung und Freiräumen Kommunikationsräume sowie Identifikationspotenzial. Die verschiedenen Nutzungsbereiche sind ober- und unterhalb der intern und extern verbindenden und verteilenden Campusebene vertikal gestaffelt. Um die an dieser Stelle in das Grazer Becken strömende Frischluft nicht zu blockieren, wurden schmale, längs gerichtete Baukörper entwickelt und mit Brücken verbunden.

The «MED CAMPUS» brings together all of the departmental, teaching, and research facilities of the Medical University of Graz in a single location. Resembling an urban neighbourhood, the clearly structured ensemble—with its interplay between buildings and open space—generates zones of communication and potential for identification. The various areas of use are staggered vertically above and below the campus level, with its internal and external connecting and distributing functions. In order to avoid blocking fresh air supply into the Graz Basin, narrow, longitudinally oriented buildings were developed that are connected by bridges.

AUFBAU STÄDTISCHER NETZWERKE
BUILDING URBAN NETWORKS

*» Der ›MED CAMPUS‹ in Graz ist beinahe ein Dorf für sich. Die jüngste Erweiterung des Areals mit Büros, Laborräumen, Hörsälen und öffentlichen Räumen reagiert nicht nur auf die Anforderungen des Krankenhauses und der Universität, sondern auch auf jene der Stadt Graz. Es wurden große Anstrengungen unternommen, um die Nachbarschaft östlich des Campus mit dem Stadtzentrum in Richtung Westen zu verbinden. Zum einen wurden Rad- und Fußwege sowie öffentliche Verkehrsmittel mit der bestehenden Infrastruktur verbunden, zum anderen wurden die Baukörper so platziert, dass der Wind ungehindert aus Richtung Nordost ins Grazer Becken strömen und die Stadt mit Frischluft versorgen kann. Das Projekt ist außerdem ein Meisterstück der Strukturierung von Räumen, die wie Maschinen funktionieren: bei der Bereitstellung von natürlichem Tageslicht und Systemen zur nachhaltigen Energie(wieder)verwendung sowie bei der Wegeführung innerhalb und außerhalb des Gebäudes, die den Nutzer*innen einen größtmöglichen Mehrwert bietet. «*

« The ‹MED CAMPUS› in Graz is almost a village in itself. The recent extension of the area with offices, laboratories, lecture rooms, and public spaces serves not only the needs of the hospital and the university but also those of the city of Graz itself. Great efforts have been made to connect the neighbourhood east of the campus to the city center in the west. Not only were bicycle networks, public transport, and footpaths connected to existing networks, but the building blocks were also placed taking into account the winds in Graz coming through the northern and eastern valleys. This allows the winds, that ensure fresh air and good air quality, to flow unhindered into the city. The project itself is also a masterpiece in structuring spaces for buildings that function as machines: for providing natural daylight and sustainable energy (re)use systems as well as routing inside and outside the building to optimally serve the users. »

Indira van 't Klooster

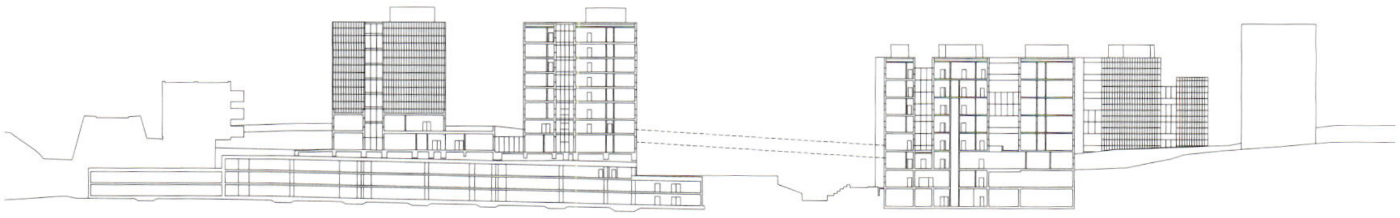

SCHNITT / **SECTION**

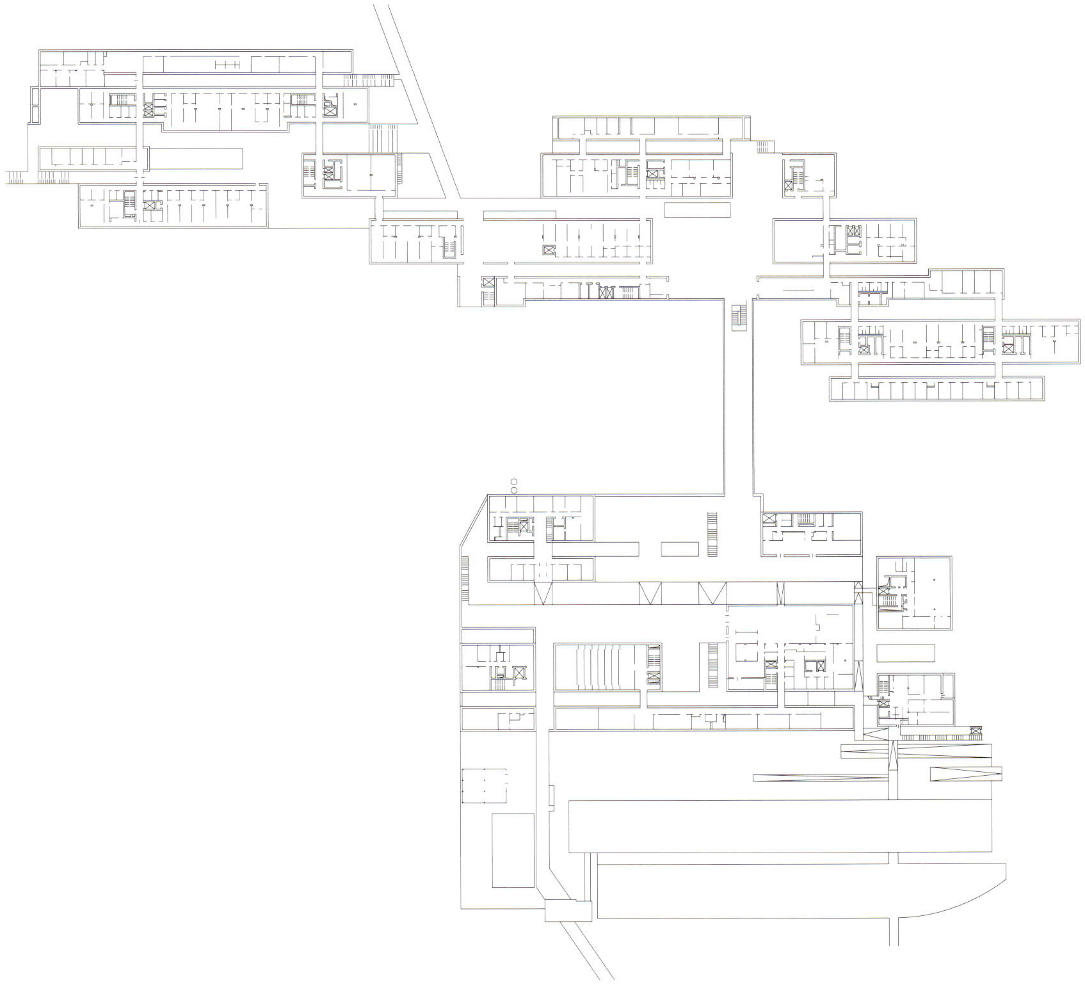

GRUNDRISS 2. OBERGESCHOSS (CAMPUSEBENE) / **FLOOR PLAN, SECOND FLOOR (CAMPUS LEVEL)**

PREISTRÄGER / WINNER

STEIRERECK AM POGUSCH
PPAG architects, Wien

Den Film über das »Steirereck am Pogusch« von PPAG architects finden Sie hier.

You can find the film about the «Steirereck am Pogusch» by PPAG architects here.

PREISTRÄGER
WINNER

STEIRERECK AM POGUSCH
PPAG architects

Projekt / **Project**
Steirereck am Pogusch, Turnau

Architektur / **Architecture**
PPAG architects, Anna Popelka und / **and** Georg Poduschka, Wien / **Vienna**

Projektleiter / **Project architects**
Paul Fürst, Christian Wegerer, Lukas Ortner (†)

Projektteam / **Project team**
Jakub Dvorak, Billie Murphy, Jonas Steinmetz, Maximilian Keil

Statik / **Structural design**
Werkraum Ingenieure

Haustechnikplanung / **Building services engineering**
TBH Ingenieure

Vegetationskonzept Glashäuser / **Vegetation concept glasshouses**
Green4Cities

Bauherrschaft / **Client**
Steirereck Stadtpark

Wettbewerb / **Competition**
2018

Bau / **Construction**
2019–2022

Bruttogeschoßfläche / **Gross floor area**
756 m² (Bestand / **existing**), 2.957 m² (Neubau / **new**)

Das Projekt ist Teil des Forschungsprogramms Stadt der Zukunft des österreichischen Bundesministeriums für Klimaschutz, Umwelt, Energie, Mobilität, Innovation und Technologie.

The project is part of the research programme City of the Future of the Austrian Federal Ministry for Climate Action, Environment, Energy, Mobility, Innovation and Technology.

www.ppag.at

ANERKENNUNGEN
SPECIAL MENTIONS

WEINHOF LOCKNBAUER
Mascha Ritter

Projekt / **Project**
Weinhof Locknbauer, Tieschen

Architektur / **Architecture**
Mascha Ritter, Berlin

Kooperation, Beratung / **Cooperation, consulting**
Piber Architektur, Stephan Piber

Statik / **Structural design**
ZMP, Miha Puksic

Bauherrschaft / **Client**
Lukas Jahn

Bau / **Construction**
2020–2021

Bruttogeschoßfläche / **Gross floor area**
782 m²

www.mascharitter.com

ORTSZENTRUM STANZ
Nussmüller Architekten

Projekt / **Project**
Ortszentrum Stanz, Stanz im Mürztal

Architektur / **Architecture**
Nussmüller Architekten, Graz

Projektleiter / **Project architect**
Jakob Kocher

Projektteam / **Project team**
Martina Schaberl, Roland Hansmann

Soziologie / **Sociology**
SCAN – Agentur für Markt- und Gesellschaftsanalytik e. U., Rainer Rosegger

Bauherrschaft / **Client**
Gemeinde Stanz im Mürztal
Gemeinnützige Wohn- und Siedlungsgenossenschaft Ennstal

Bau / **Construction**
2018–2021

Bruttogeschoßfläche / **Gross floor area**
1.516 m²

www.nussmueller.at

NOMINIERUNGEN
NOMINATIONS

VOISTHALERHÜTTE
Dietger Wissounig Architekten

Projekt / **Project**
Ersatzbau der Voisthalerhütte am Hochschwab, Thörl

Architektur / **Architecture**
Dietger Wissounig Architekten, Graz

Projektleiter / **Project architects**
Dietger Wissounig, Patrick Steiner

Projektteam / **Project team**
Claudia Pittino, Gernot Moser, Matthias Holzner

Bauherrschaft / **Client**
Alpenverein Austria

Wettbewerb / **Competition**
2018

Bau / **Construction**
2020–2022

Bebaute Fläche / **Built-up area**
210 m²

Bruttogeschoßfläche / **Gross floor area**
740 m²

www.wissounig.com

CLUB HYBRID
Pretterhofer Arquitectos, MVD Austria

Projekt / **Project**
Club Hybrid, Graz

Architektur / **Architecture**
Pretterhofer Arquitectos, Wien / **Vienna**
MVD Austria, Wien / **Vienna**

Projektleiter*innen / **Project architects**
Heidi Pretterhofer, Michael Rieper

Projektteam / **Project team**
Beatrice Bucher, Michael Haas, Martin Embacher, Johannes Leitich, Matthäus Maier

Bauherrschaft / **Client**
MVD Austria

Wettbewerb / **Competition**
2019

Bau / **Construction**
2021

Bebaute Fläche / **Built-up area**
20 m²

Bruttogeschoßfläche / **Gross floor area**
140 m²

www.prearq.at, www.mvd.org

NOMINIERUNGEN
NOMINATIONS

ANATOMIELEHRSTUHL MED UNI GRAZ
Franz&Sue

Projekt / **Project**
Anatomielehrstuhl
Medizinische Universität Graz

Architektur / **Architecture**
Franz&Sue, Wien / Vienna

Projektleiter*innen / **Project architects**
Thomas Rögelsperger, Anna Ladurner

Projektteam / **Project team**
Magdalena Brodka, Leire Azkarate, Horst Bernhard, Linda Ercusi, Nina Gromoll, Thomas Huck, Mihail Karakolev, Ventsislav Kartselin, Daniel Kleber, Daniel Krawczyk, Carla Kuhn, Werner Maiacher, Tanja Marben, Julia Sonnleitner, Ajdin Vukovic, Barbara Weber, Louai Abdul-Fattah, Leo Hollmann, Angela Lulati, Suvi Repo, Lara Baler

Haustechnikplanung / **Building services engineering**
Zentraplan Planungsgesellschaft

Bauherrschaft / **Client**
Bundesimmobiliengesellschaft

Wettbewerb / **Competition**
2018

Bau / **Construction**
2020–2022

Bruttogeschoßfläche / **Gross floor area**
10.727 m²

www.franzundsue.at

MED CAMPUS GRAZ
Riegler Riewe Architekten

Projekt / **Project**
MED CAMPUS Graz

Architektur / **Architecture**
Riegler Riewe Architekten, Graz

Projektleiter*innen / **Project architects**
Thorsten Krachler, Daniel Lausegger, Susanne Mayr, Manuela Müller, Erich Österbauer, Petra Reiter, Steffen Schössler, Thomas Schütky, Christian Story, Thomas Zeitlmann

Projektteam / **Project team**
Hannes Bernhardt, Ganbat Choidogjamts, Christof Degen, Jonathan Droste, Christoph Ebner, Birgit Eberhard, Lavinia Floricel, Irina Freese, Christopher Frett, Christoph Gradauer, Anita Grbić-Junuzović, Danijel Gril, Celia Guadalajara, Horia Hamat, Elsbeth Harkamp, Stefan Jos, Mathias Kahr, Anna Kollegger, Thorsten Krachler, Tanja Kühberger, Götz Lachenmann, Daniel Lausegger, Eva Leeb, Tiphaine Lhomme, Lisa-Maria Malinek, Alice Minghel, Gernot Moser, Michael Münzer, Katja Nezmah, Anna Novy, Franziska Nuber, Marietta Pagonis-Pirker, Julia Pendl, Markus Probst, Gernot Radlingmayr, Fatlum Radoniqi, Sebastian Rapposch, Johannes Rössler, Olivera Savic, Denise Schermann, Thomas Schütky, Björn Seidl, Tsvetelina Stoyanova, Romana Streitwieser, Azra Suljkic, Giulia Toccafondi, Manuela Tomitzi, Eva Traschler, Veronika van der Graft

Statik / **Structural design**
Peter Mandl ZT

Landschaftsarchitektur / **Landscape architecture**
Land in Sicht

TGA / **Building services engineering**
ARGE TGA Med Campus Graz / Die Haustechniker, TB Köstenbauer & Sixl, Vasko + Partner Ingenieure und Verfahrenstechnik

Künstler*innen / **Artists**
Matt Mullican (Canvas Rubbing Project), Manfred Erjautz (Shelter [high touch]), Esther Stocker (Knitterobjekt), Misha Stroj (An einem Körper)

Bauherrschaft / **Clients**
Bundesimmobiliengesellschaft (MED CAMPUS Hauptbaukörper, IKM) ZWT / ZWT Accelerator (MED CAMPUS ZWT I und ZWT II)

Wettbewerb / **Competition**
2010

Bau / **Construction**
2012–2022

Bruttogeschoßfläche / **Gross floor area**
105.147 m²

www.rieglerriewe.co.at

STADTBOOTSHAUS
KUESS Architektur

Projekt / **Project**
Stadtbootshaus Graz

Architektur / **Architecture**
KUESS Architektur, Lieboch

Projektleiter*innen / **Project architects**
Nina Kuess, Rene Märzendorfer

Landschaftsplanung / **Landscape planning**
Green4Cities

Bauherrschaft / **Client**
Stadt Graz, vertreten durch das Sportamt und die Stadtbaudirektion

Wettbewerb / **Competition**
2019

Bau / **Construction**
2020–2021

Bruttogeschoßfläche / **Gross floor area**
239 m²

www.kuess.cc

KIUBO 1.0
Hofrichter – Ritter Architekten

Projekt / **Project**
kiubo 1.0, Starhemberggasse, Graz

Architektur / **Architecture**
Hofrichter – Ritter Architekten, Graz

Projektleiter / **Project architect**
Franz Stiegler-Hameter

Projektteam / **Project team**
Frederick Baldasty, Stefan Hochhofer, Fabian Steinberger

Statik / **Structural design**
Peter Mandl ZT

Bauherrschaft / **Client**
ÖWG Wohnbau

Bau / **Construction**
2020–2021

Bruttogeschoßfläche / **Gross floor area**
2.696 m²

www.hofrichter-ritter.at

WEITERE EINREICHUNGEN
FURTHER SUBMISSIONS

UMBAU EHEMALIGES TATTENBACH'SCHES HAUS
Graz
ARGE Andexer Timmerer Architekten

AHS RESIDENTIAL BUILDING
Graz
Andrea Vattovani Architecture

SMART.R SOLUTIONS (INTERIOR DESIGN)
Wolfsberg im Schwarzautal
Andrea Vattovani Architecture

RINGANA CAMPUS
St. Johann in der Haide
ATP architekten ingenieure

HAUS M – EINFAMILIENHAUS IN BAD WALTERSDORF
Bad Waltersdorf
Backraum Architektur

WOHNBEBAUUNG MARBURGERHÖFE
Graz
balloon architekten

KLIMA-KULTUR-PAVILLON
Graz
Breathe Earth Collective

COMMOD RAY OF LIGHT
Fladnitz im Raabtal
COMMOD-Haus

BURGFRIEDWEG, GRAZ-WALTENDORF, »LEBENSRAUM MIT TERROIR«
Graz
Architekten Domenig & Wallner

FUNKTIONSSANIERUNG BEETHOVENSTRASSE 8 / PHARMAKOGNOSIE
Graz
Architekten Domenig & Wallner

VOLKSSCHULE GRAZ-NEUHART
Graz
dreiplus Architekten

VOLKSSCHULE LEIBNITZ-KAINDORF
Leibnitz
epps Ploder Simon

LABORGEBÄUDE TU GRAZ INFFELDGASSE
Graz
Ernst Giselbrecht + Partner

BILDUNGSCAMPUS PUNTIGAM
Graz
Franz&Sue

STUDIENZENTRUM MONTANUNIVERSITÄT LEOBEN
Leoben
Franz&Sue

WOHNKONZEPTE MIT ZUKUNFT HEINRICHSTRASSE 145 A+B
Graz
GSarchitects

LOW-BUDGET HAUS FELDBACH
Feldbach
Habsburg Isele Architekten und Architektin DI Ulrike Tinnacher

OBSTHOF NEUMEISTER
Straden
Habsburg Isele Architekten und Architektin DI Ulrike Tinnacher

VOLKSSCHULE ANDRITZ
Graz
Hillinger Mayrhofer

EINSEGNUNGSHALLE SANKT PETER
Graz
Hofrichter – Ritter Architekten

REININGHAUS PAVILLON – INFOPOINT AM REININGHAUS PARK
Graz
Hohensinn Architektur

UNICORN – ZENTRUM FÜR WISSENS- UND INNOVATIONSTRANSFER DER UNI GRAZ
Graz
ARGE Leb Idris Architektur und architektin iris reiter

LEBENSMITTELMARKT OBDACH
Obdach
lichtblauwagner architekten

G14 – WOHNEN UND STUDENTENHEIM IN GRAZ
Graz
Machné & Glanzl Architekten

WIR GÜNTHER DOMENIG, AUSSTELLUNG
Mürzzuschlag
Michael Zinganel, kunsthaus muerz

MITEINANDER IN ST. LAMBRECHT UND TAGESSTÄTTE FÜR ÄLTERE MENSCHEN
St. Lambrecht
Mitterberger Gerhard Architektur

NATURWELTEN STEIERMARK
Mixnitz
Nussmüller Architekten

BAHNHOF KAPFENBERG
Kapfenberg
ostertag ARCHITECTS

KÖNIG FRANZ
Graz
Pentaplan

HAUS P&H
Gleisdorf
pilzarchitektur

INFOPOINT GRÜNRAUMSTÜTZPUNKT STADTPARK
Graz
puerstl architektur

UNTERKUNFTSGEBÄUDE DER GROEBEN-KASERNE
Feldbach
sps architekten

RS80
Graz
Stoiser Wallmüller Architekten, IKK Group

STOCK&STEIN LODGES
Bad Gleichenberg
Thomas Zach Architektur

SANIERUNG UND ERWEITERUNG KUNSTUNIVERSITÄT GRAZ BRANDHOFGASSE 21
Graz
Tritthart+Herbst Architekten

SPA CHALET SAUNAHAUS
Gamlitz
Viereck Architekten

HAUS L
Allerheiligen bei Wildon
World of Wicher

SILICON AUSTRIA LABS UND DATAHOUSE (SAL-DH)
Graz
Zinterl Architekten, EverySIZE Arquitectura limitada

IMPRESSUM
IMPRINT

Ein Verlag der Walter De Gruyter GmbH, Berlin / Boston
An imprint of Walter De Gruyter GmbH, Berlin / Boston

Herausgeber*innen / **Editors**
Haus der Architektur, Beate Engelhorn
www.hda-graz.at

Fotografien / **Photographs**
S. 17–35: Hertha Hurnaus
S. 39, 42/43 oben, 44, 45 rechts, 59–61, 65–66, 89–91: Schreyer David
S. 40/41, 42 unten, 43 unten, 45 links, 49–52, 54, 55: Simon Oberhofer
S. 53: Martin Grabner
S. 71/72, 77, 79 oben und rechts: pierer.net
S. 78, 79 links: Christian Repnik
S. 83–85: Wolfgang Thaler
S. 92: kanal3 Regionalfernsehen

Plangrafiken / **Drawings**
Architekturbüros

Film / **Film**
Regie: Anna Prugger
Kamera und Schnitt: Patrick Neves
kanal3 Regionalfernsehen, www.kanal3.tv

Texte / **Texts**
Indira van 't Klooster
Mit Vorworten von / **With forewords by**
Christopher Drexler und Beate Engelhorn

Redaktion / **Editing**
Martin Grabner

Übersetzung / **Translation**
Deutsch – Englisch / **German – English**
Ian Pepper

Englisch – Deutsch / **English – German**
Katharina Freisinger

Lektorat (Deutsch) / **Copy editing (German)**
Julia Blankenstein

Lektorat (Englisch) / **Copy editing (English)**
Bianca Murphy

Gestaltung und Satz / **Design and setting**
Sonja Frank Grafikdesign, Berlin

Lithografie / **Lithography**
Bild1Druck, Berlin

Gedruckt in der Europäischen Union /
Printed in the European Union

Bibliografische Information der Deutschen Nationalbibliothek
Die Deutsche Nationalbibliothek verzeichnet diese Publikation in der Deutschen Nationalbibliografie; detaillierte bibliografische Daten sind im Internet über http://dnb.d-nb.de abrufbar.
Bibliographic information published by the Deutsche Nationalbibliothek
The Deutsche Nationalbibliothek lists this publication in the Deutsche Nationalbibliografie; detailed bibliographic data are available on the Internet at http://dnb.d-nb.de

jovis Verlag
Genthiner Straße 13
10785 Berlin

www.jovis.de

jovis-Bücher sind weltweit im ausgewählten Buchhandel erhältlich. Informationen zu unserem internationalen Vertrieb erhalten Sie von Ihrem Buchhändler oder unter www.jovis.de.
jovis books are available worldwide in select bookstores. Please contact your nearest bookseller or visit www.jovis.de for information concerning your local distribution.

ISBN 978-3-98612-014-6

Preis gestiftet von / Unterstützung von Publikation und Film
Prize endowed by / support of publication and film

Das Land Steiermark
→ Kultur, Europa, Sport

Dieses Buch entstand mit großzügiger Unterstützung von / **This book was published with the generous support of**

zt:

HDA – Haus der Architektur unterstützt von / **supported by**

Bundesministerium
Kunst, Kultur, öffentlicher Dienst und Sport

Das Land Steiermark

GRAZ

zt:

Gaulhofer
Fenster zum Wohnfühlen

XAL